RÉINVENTER LE TRAVAIL

Les Éditions Transcontinental
1100, boul. René-Lévesque Ouest, 24ᵉ étage
Montréal (Québec) H3B 4X9
Téléphone : 514 392-9000 ou 1 800 361-5479
www.livres.transcontinental.ca

Pour connaître nos autres titres, consultez le **www.livres.transcontinental.ca.**
Pour bénéficier de nos tarifs spéciaux s'appliquant aux bibliothèques d'entreprise ou aux achats en gros,
informez-vous au **1 866 800-2500.**

**Catalogage avant publication de Bibliothèque et Archives nationales du Québec
et Bibliothèque et Archives Canada**

Fried, Jason
Réinventer le travail
Traduction de : Rework.

ISBN 978-2-89472-470-5

1. Gestion d'entreprise. 2. Entreprises individuelles - Gestion. 3. Succès dans les affaires. I. Hansson,
David Heinemeier. II. Titre.

HD31.F7314 2010   658   C2010-941697-X

Révision : Diane Boucher
Correction : Lyne Roy
Illustrations originales : Mike Rohde, rohdesign.com
Mise en pages et adaptation des illustrations : Diane Marquette
Conception graphique de la couverture : Evan Gaffney
Photos des auteurs : Erika Dufour (Jason Fried) et Andreas Offesen (David Heinemeier Hansson)
Impression : Transcontinental Gagné

Imprimé au Canada
© Les Éditions Transcontinental, 2010, pour la version française publiée en Amérique du Nord
Dépôt légal – Bibliothèque et Archives nationales du Québec, 3ᵉ trimestre 2010
Bibliothèque et Archives Canada

Nous reconnaissons l'aide financière du gouvernement du Canada par l'entremise du Fonds du
livre du Canada pour nos activités d'édition. Nous remercions également la SODEC de son appui
financier (programmes Aide à l'édition et Aide à la promotion).

Les Éditions Transcontinental sont membres de l'Association nationale
des éditeurs de livres.

Jason Fried
David Heinemeier Hansson

RÉINVENTER
LE TRAVAIL

Traduit de l'américain par Sylvie Dupont

Les Éditions
Transcontinental

À propos de ce livre

Typique de 37signals, la sagesse de ces pages est provocante mais simple, directe et démontrée. Lisez et relisez ce livre pour vous donner le courage de sortir de vos habitudes et de faire quelque chose de magnifique.

– Tony Hsieh, PDG de Zappos.com

Réinventer le travail est un livre brillant parce qu'il nous donne envie de revoir tout ce que nous pensions savoir sur la stratégie, les clients et la manière de faire les choses.

– William C. Taylor, cofondateur et rédacteur en chef de *Fast Company* et coauteur de *Mavericks at Work*

Réinventer le travail m'a mise au défi : comment résister à l'envie d'arracher chacune de ses pages pour les coller toutes au mur ? Étonnant, puissant, inspirant – ces adjectifs me feront peut-être passer pour une *fan* finie, mais *Réinventer le travail* est à ce point utile. Préparez-vous à éprouver une impression de clarté et une motivation nouvelles après l'avoir lu.

– Kathy Sierra, cocréatrice de la très populaire série de livres *Head First* et fondatrice de JavaRanch.com

Inspirant. Dans un monde où on nous demande continuellement de faire plus avec moins, les auteurs de *Réinventer le travail* nous montrent comment faire moins et créer davantage.

– Scott Rosenberg, cofondateur de Salon.com et auteur de *Dreaming in Code* et *Say Everything*

Laissez vos vaches sacrées à la ferme. La sagesse et l'expérience peu conventionnelle de 37signals vous montreront la voie du succès en affaires au XXIe siècle. Pas le moindre jargon de MBA ou de consultant. Seulement des conseils pratiques que nous pouvons tous appliquer. Formidable.

– Saul Kaplan, catalyseur en chef, Business Innovation Factory

Agréablement intime, comme si on prenait le café avec les auteurs, *Réinventer le travail* est un livre intelligent et succinct, ancré dans la pratique plutôt que dans la théorie difficilement applicable. Ce livre a affermi ma détermination à dépasser le *statu quo*.

— Penelope Trunk, auteure
de *Brazen Careerist : The New Rules for Success*

Ce livre postule qu'une entreprise est comme un logiciel : modifiable, malléable, partageable, tolérante envers les erreurs, à l'aise en Beta, réinventable. Ses auteurs vivent selon le credo « Garde ça simple, idiot ! », et on retrouve dans *Réinventer le travail* la même intelligence et la même audace que dans cette devise.

— John Maeda, président de la Rhode Island School of Design
et auteur de *The Laws of Simplicity*

Réinventer le travail est rapide, iconoclaste et inspirant comme le sont ses auteurs. Il ne s'adresse pas qu'aux nouvelles entreprises ; n'importe qui peut apprendre de sa lecture.

— Jessica Livingston, associée fondatrice de Y Combinator
et auteure de *Founders at Work*

Table des matières

Chapitre 4

La progression

Chapitre 5

La productivité

Chapitre 6

Les concurrents

Introduction

Oui, nous avons quelque chose de nouveau à partager sur la façon de monter, de diriger et de faire grandir (ou non) une entreprise.

Ce livre ne repose pas sur des théories universitaires. Il s'appuie sur notre expérience. Notre entreprise, 37signals, existe depuis plus de 10 ans. Nous avons assisté à deux récessions, survécu à l'éclatement de la bulle Internet, traversé la remise en cause des modèles d'affaires et entendu les prédictions les plus sombres sans jamais cesser de faire des profits.

Notre petite entreprise – petite parce que c'est ainsi que nous la voulons – crée des logiciels pour faciliter la vie des groupes de travail et des autres petites entreprises. Plus de trois millions de personnes dans le monde utilisent nos produits.

Notre histoire a commencé en 1999, année où nous avons fondé à trois une boîte de conception de sites Web. En 2004, insatisfaits du logiciel de gestion de projet utilisé dans le reste de l'industrie, nous avons conçu le nôtre, Basecamp. Quand nous leur avons montré cet outil en ligne, nos clients et collègues ont tous eu la même réaction : « Il nous le faut. » Aujourd'hui, Basecamp nous rapporte des millions de dollars de profits annuels.

Depuis, nous vendons aussi d'autres outils en ligne. Des dizaines de milliers de petites entreprises ont adopté notre simplissime CRM (gestionnaire de contacts et de relations avec la clientèle). Highrise permet à ces entreprises d'assurer le suivi de leurs activités de prospection et de vente, et de tenir à jour quelque 10 millions de relations professionnelles. Plus de 500 000 personnes se sont abonnées à Backpack, notre outil de partage du savoir intranet. Quant à notre outil collaboratif Campfire, il a permis à nos clients d'échanger plus de 100 millions de messages en temps réel. Nous sommes également les auteurs du cadriciel libre Ruby on Rails, un outil de programmation qui active une bonne partie du Web 2.0.

Certains nous considèrent comme une entreprise Internet, mais cette étiquette nous fait grincer des dents. Les entreprises Internet sont connues pour leur recrutement compulsif, leurs dépenses extravagantes et leurs échecs fracassants. Pas nous. Notre entreprise est petite (16 personnes au moment d'écrire ces lignes), économe et rentable.

Bien des gens ne croient pas à nos réalisations. Ils parlent d'un coup de chance. Ils conseillent aux autres de ne pas suivre nos conseils. Certains nous ont même accusés d'irresponsabilité, de témérité et – ô horreur! – de manque de professionnalisme.

Nos détracteurs ne comprennent pas qu'une entreprise puisse rejeter croissance, réunions, budgets, conseils d'administration, publicité, représentants de commerce et «dure réalité», et prospérer quand même. C'est leur problème, pas le nôtre.

Ils disent qu'il faut vendre aux «Fortune 500». Foutaises. Nous vendons aux «Fortune 5 000 000».

Ils pensent qu'on ne peut pas avoir des employés qui ne se rencontrent pratiquement jamais parce qu'ils travaillent dans huit villes et sur deux continents. Ils disent qu'on ne peut pas réussir sans projections financières ni plans quinquennaux. Ils se trompent.

Ils disent qu'on ne peut pas être mentionné dans les pages de publications prestigieuses *(Time, BusinessWeek, Entrepreneur, Wired, Fast Company, The New York Times, Financial Times, Chicago Tribune* ou *Atlantic)* sans embaucher un cabinet de relations publiques. Ils se trompent.

Ils disent qu'on ne peut pas révéler ses recettes, divulguer ses secrets et soutenir quand même la concurrence. Là encore, ils se trompent.

Ils disent qu'on ne peut pas jouer dans la cour des grands sans un énorme budget de publicité et de marketing, ni réussir en fabriquant des produits qui font moins que ceux des concurrents, ni tout inventer au fur et à mesure. C'est pourtant ce que nous avons fait.

Ils disent bien des choses. Nous attestons qu'ils se trompent. Nous l'avons prouvé. Et nous avons écrit ce livre pour vous montrer comment leur prouver à votre tour qu'ils se trompent.

Tout d'abord, nous allons déboulonner l'entreprise. Nous allons la démonter et expliquer pourquoi il faut oublier les vieux préceptes sur les conditions de succès d'une entreprise. Vous apprendrez par où commencer, pourquoi vous avez besoin de moins que vous ne le pensez, quand vous lancer, comment faire passer le mot, qui embaucher (et quand) et comment rester maître de la situation.

Allons-y.

Chapitre 1

Tout d'abord

Travailler
Travailler
Travailler
Réinventer le travail
Travailler
Travailler
Travailler

La nouvelle réalité

Voici un livre de gestion différent qui s'adresse à différentes personnes — de celles qui sont déjà à la tête d'une entreprise florissante jusqu'à celles qui n'ont jamais même imaginé se lancer en affaires.

Ce livre s'adresse aux entrepreneurs purs et durs, aux fonceurs de type A, à ces gens d'affaires qui ont l'impression d'être nés pour créer, diriger et conquérir.

Il s'adresse aussi aux propriétaires de petites entreprises qui ont un tempérament moins fougueux. Aux gens qui, sans être du type A, ont néanmoins leur entreprise à cœur. Aux gens qui cherchent comment faire mieux, travailler plus intelligemment et marquer des points.

Il s'adresse même aux travailleurs coincés dans un emploi et qui rêvent depuis toujours de monter leur propre affaire. Peut-être aiment-ils ce qu'ils font, mais pas leur patron. Ou peut-être s'ennuient-ils, tout simplement. Ils voudraient faire ce qu'ils aiment comme ils l'entendent, et être payés pour le faire.

Finalement, ce livre s'adresse à tous ces gens qui n'ont jamais songé à voler de leurs propres ailes et à démarrer une entreprise. Peut-être ne se croient-ils pas faits pour ça. Peut-être pensent-ils ne pas avoir le temps, l'argent ou la conviction nécessaires. Peut-être ont-ils seulement peur de courir ce risque. Ou peut-être ont-ils l'impression que les affaires sont un peu sales. Quelle que soit leur raison, ce livre s'adresse aussi à eux.

Une nouvelle réalité s'impose : aujourd'hui, n'importe qui peut faire des affaires. Les outils autrefois hors de portée sont accessibles, et la technologie qui coûtait une fortune est offerte à bon compte, parfois même pour rien. Une personne peut abattre à elle seule le travail de deux ou trois employés, et quelquefois d'un service entier. Ce qui était encore impensable il y a quelques années est devenu très simple.

Inutile de vous échiner au travail 60, 80 ou 100 heures par semaine ; de 10 à 40 heures suffisent amplement. Vous n'avez pas à investir les économies d'une vie ou à courir des risques insensés ; votre emploi actuel peut vous fournir l'argent nécessaire pour démarrer votre entreprise. Vous n'avez même pas besoin de louer un local commercial : aujourd'hui, on peut travailler de chez soi et collaborer avec des gens qu'on ne rencontre jamais.

Il est temps de réinventer le travail. Commençons tout de suite.

Chapitre 2

Le déboulonnage

Igno-rez

la dure réalité

Ignorez la « dure réalité »

« Ça ne marcherait jamais dans la réalité. » Voilà ce qu'on entend continuellement lorsqu'on parle aux gens d'une idée originale. Leur « réalité » semble être un endroit terriblement déprimant, où les idées neuves, les approches inhabituelles et les concepts étrangers sont toujours condamnés à l'échec. Les seules choses qui peuvent réussir semblent celles que les gens connaissent et font déjà, si déficientes ou inefficaces soient-elles.

Grattez un peu le vernis, et vous découvrirez que ces obsédés de la « réalité » cèdent au pessimisme et au désespoir. Ils s'attendent à ce que tout nouveau concept échoue. Ils tiennent pour acquis que la société n'est pas prête à changer ou qu'elle en est incapable.

Pire encore, ils veulent vous entraîner dans leur réalité calamiteuse. Si vous débordez d'espoir et d'ambition, ils tâcheront de vous convaincre que vos idées sont irréalisables. Ils diront que vous perdez votre temps.

Ne croyez pas ces oiseaux de malheur. Rien ne vous force à vivre leur sinistre réalité. Nous le savons parce que, à bien des égards, 37signals échoue au test de la « dure réalité ».

► Dans la dure réalité, on ne peut pas avoir une quinzaine d'employés qui travaillent dans huit villes et sur deux continents.

► Dans la dure réalité, on ne peut pas attirer des millions de clients sans publicité ni représentants de commerce.

► Dans la dure réalité, on ne peut pas donner la recette de son succès au reste de l'univers.

Nous avons pourtant fait tout cela et nous avons prospéré.

La dure réalité n'est pas un endroit : c'est une excuse pour ne pas essayer. La dure réalité ne vous concerne pas.

L'échec

n'est pas

un rite de passage

Apprendre de ses erreurs : une idée surfaite

Dans le monde des affaires, l'échec est devenu un passage obligé. On entend continuellement dire que 9 entreprises sur 10 sont vouées à l'échec, que les chances de succès sont quasi nulles, que l'échec forme le caractère. « Échouez tôt et échouez souvent », répètent-ils.

Avec autant d'échecs dans l'air, que vous le vouliez ou non, vous en respirerez les relents. Ne les inhalez pas ! Ne vous faites pas avoir par les statistiques. Les échecs des autres ne sont que ça : les échecs des autres.

Si d'autres n'arrivent pas à faire le marketing de leur produit, c'est leur problème et non le vôtre. Si d'autres sont incapables de former une équipe, c'est leur problème et non le vôtre. Si d'autres ne savent pas exiger un juste prix pour leurs services, c'est leur problème et non le vôtre. Si d'autres ne parviennent pas à gagner plus qu'ils dépensent... Bon, vous avez compris.

Autre idée très répandue : vous devez apprendre de vos erreurs. Mais, en réalité, qu'apprenez-vous de vos erreurs ? Ce que vous ne devez pas refaire, peut-être, mais encore ? Vous ne savez toujours pas ce que vous devez faire.

Vos succès sont beaucoup plus instructifs. La réussite donne de vraies armes. Quand quelque chose réussit, vous savez ce qui a fonctionné, vous pouvez donc le refaire. Et vous le ferez probablement encore mieux la fois suivante.

L'échec n'est pas un préalable au succès. Selon une étude de la Harvard Business School, les entrepreneurs qui ont déjà réussi sont beaucoup plus susceptibles de réussir de nouveau (le taux de succès de leurs futures entreprises est de 34 %). Par contre, les entrepreneurs dont la première entreprise a été un échec ont par la suite un taux de succès similaire à ceux qui démarrent leur première entreprise : à peine 23 %. Autrement dit, les gens qui ont déjà connu l'échec n'ont pas plus de chances de réussir que ceux qui n'ont jamais essayé[1].

En fait, c'est l'expérience du succès qui compte. Cela n'a rien d'étonnant, au fond, puisque la nature elle-même fonctionne ainsi. L'évolution ne perd pas de temps avec ce qui a échoué ; elle mise toujours sur ce qui a marché. Vous devriez en faire autant.

Laissez la planification à long terme aux devins

En affaires, à moins que vous ne soyez devin, planifier à long terme relève du fantasme. Trop de facteurs ne dépendent pas de vous : les conditions du marché, les concurrents, les clients, l'économie, etc. Faire un plan d'affaires vous donne l'impression de maîtriser ce que vous ne pouvez pas maîtriser.

Pourquoi ne pas appeler la planification par son vrai nom, divination ? Appelez votre planification quinquennale « divination quinquennale » ; votre planification financière « divination financière » ; votre planification stratégique « divination stratégique ». Vous pourrez alors cesser de vous en inquiéter. Un stress de moins.

Quand vous transformez la divination en planification, vous entrez dans une zone dangereuse. Les plans laissent le passé décider de l'avenir. Ils mettent des œillères. « Voilà où nous allons parce que, euh… parce que c'est là que nous avions prévu aller. » Voilà le problème : la planification ne laisse pas de place à l'improvisation.

Or, vous devez pouvoir improviser. Vous devez pouvoir saisir les occasions. Vous devez pouvoir dire : « Nous prenons une nouvelle direction parce que c'est ce qu'il y a de mieux à faire aujourd'hui. »

Les plans à long terme empêchent d'agir au moment opportun. C'est au moment où on fait quelque chose qu'on a le plus d'information, pas avant de le faire. Mais quand rédige-t-on un plan ? Généralement, avant même de commencer, au pire moment pour prendre des décisions importantes.

Naturellement, il n'est pas question d'arrêter de penser à l'avenir ou à la façon de surmonter les obstacles. Cet exercice vaut la peine d'être fait. Seulement, ne vous sentez pas obligé de coucher tout ça sur papier ni d'en faire une obsession. Même si vous rédigez un volumineux plan d'affaires, vous ne le consulterez probablement jamais. Au-delà de quelques pages, les plans se fossilisent dans les classeurs.

Renoncez à la divination. Établissez ce que vous ferez cette semaine, pas cette année. Demandez-vous ce qu'il y a de plus important à faire par la suite, et faites-le. Prenez des décisions immédiatement avant de passer à l'action plutôt que longtemps à l'avance.

Vous pouvez improviser. Montez dans l'avion et partez, vous achèterez une brosse à dents et des vêtements une fois à destination.

Travailler sans plan peut sembler effrayant, mais suivre aveuglément un plan déconnecté de la réalité l'est bien davantage.

Planifier, c'est deviner

Pourquoi grossir ?

Les gens veulent connaître la taille de votre entreprise : « Avez-vous beaucoup d'employés ? » La question est posée avec légèreté, mais la réponse, elle, pèse lourd. Plus le chiffre est gros, plus vous les impressionnez, plus vous leur semblez professionnel et puissant. Si vous avez une centaine d'employés, vous obtenez un « Oh ! C'est bien ! » admiratif. Si vous êtes un petit joueur, vous récoltez un « Ah ! C'est bien... » tout juste poli.

Comment expliquer cette attitude ? Qu'en est-il de la croissance et de l'entreprise ? Pourquoi faut-il toujours viser l'expansion ? À quoi rime cette attirance pour ce qui est gros, si ce n'est pour satisfaire l'ego ? (Et vous devrez avoir une meilleure réponse que « les économies d'échelle ».) Qu'y a-t-il de mal à trouver la bonne taille et à s'y tenir ?

Quand on pense aux universités Harvard ou Oxford, se dit-on : « Si seulement elles avaient pris de l'expansion, créé des filiales, embauché des milliers de professeurs, ouvert des campus dans le monde entier, ce seraient de grandes universités. » Bien sûr que non. Ce n'est pas ainsi qu'on évalue ces institutions. Alors pourquoi est-ce ainsi qu'on juge les entreprises ? La taille idéale de votre entreprise peut être de cinq personnes. Ou de 40. Ou de 200. Ou peut-être se limite-t-elle à vous et votre ordinateur.

Ne présumez pas de la taille que vous devriez atteindre. Grandissez lentement et voyez ce qui convient – l'embauche prématurée tue bien des entreprises. Évitez les brusques poussées de croissance, car vous risquez de dépasser sans vous en rendre compte la taille qui serait parfaite pour vous. Être petit n'est pas seulement une étape ; c'est aussi une destination formidable en soi.

Vous l'avez peut-être remarqué : alors que les petites entreprises veulent grandir, les grandes rêvent d'être plus agiles et plus flexibles. Retenez ceci : une fois votre entreprise devenue grande, il vous sera très difficile de réduire sa taille sans congédier des gens, saper le moral des troupes et changer entièrement votre façon de faire des affaires.

Rien ne vous oblige à viser la croissance. Et cela ne s'applique pas seulement au nombre d'employés, mais aussi aux dépenses, à l'infrastructure technologique, au mobilier, etc. Tout cela n'arrive pas par magie. Vous décidez de vous charger ou non de ce genre de responsabilité. Et si vous allez dans ce sens, vous acceptez les maux de tête qui les accompagnent. En multipliant les frais, vous vous condamnez à bâtir une entreprise complexe, et donc plus difficile et plus stressante à diriger.

N'ayez pas peur de monter une petite entreprise. Quiconque exploite une entreprise durable et rentable, grande ou petite, devrait en être fier.

Dehors, les bourreaux de travail!

La culture nord-américaine aime beaucoup la figure du bourreau de travail. On entend parler de gens qui travaillent jusqu'à l'aube, passent des nuits blanches et dorment au bureau. Se tuer au travail est très bien vu. On ne travaille jamais trop.

En fait, cette attitude est non seulement inutile mais idiote. Travailler plus ne signifie pas être plus dévoué ou plus productif. Travailler plus veut seulement dire... travailler plus.

Les bourreaux de travail finissent par causer plus de problèmes qu'ils n'en règlent. D'abord, travailler autant n'est tout simplement pas viable. Quand l'épuisement professionnel frappera – ce qui ne manquera pas d'arriver –, les dégâts seront considérables.

Mais il y a plus. Les bourreaux de travail font fausse route. Ils tentent de résoudre des problèmes en multipliant les heures qu'ils y consacrent. Ils essaient de compenser la paresse intellectuelle par la force brute, ce qui donne des solutions inélégantes. Ils provoquent même des crises. Ils ne cherchent pas à devenir plus efficaces parce que, en réalité, ils aiment faire des heures supplémentaires. Ils aiment se prendre pour des héros. Ils créent des problèmes (souvent involontairement) pour pouvoir continuer à se défoncer.

Les bourreaux de travail s'arrangent pour que leurs collègues qui ne restent pas le soir se sentent mal à l'aise de travailler «seulement» de manière raisonnable. Cette mentalité engendre des sentiments de culpabilité et démoralise les employés. Pire, elle favorise le présentéisme – les gens traînent tard au bureau par pure obligation, même s'ils ne sont plus productifs.

Quand on ne fait que travailler, le jugement s'altère, les valeurs et la capacité décisionnelle sont faussées. On n'est plus en mesure de décider ce qui mérite ou non un effort supplémentaire. On est vidé, tout simplement. Personne ne prend des décisions éclairées sous l'effet de la fatigue.

Les bourreaux de travail n'abattent pas plus de boulot que ceux qui travaillent normalement. Ils se disent perfectionnistes mais, en réalité, ils perdent du temps en s'attardant à des détails insignifiants plutôt que de passer à la tâche suivante. Ce ne sont pas des héros. Ils ne sauvent pas la situation, ils ne font que l'utiliser. Le véritable héros est déjà rentré chez lui parce qu'il a trouvé une manière plus rapide de faire les choses.

Soyez

un

démarreur !

Pour en finir avec les entrepreneurs

Abandonnons le mot « entrepreneur ». Il est dépassé et lourdement chargé. Il sent le club sélect. On devrait encourager tout le monde à démarrer sa propre entreprise, et pas seulement quelques rares spécimens d'entrepreneurs autoproclamés.

Aujourd'hui, des personnes d'un nouveau genre démarrent des entreprises et font des profits sans jamais se percevoir comme des entrepreneurs. Plusieurs ne se voient même pas comme des propriétaires d'entreprises. Elles font ce qu'elles aiment comme elles l'entendent et sont payées pour le faire. Tout simplement.

Alors remplaçons ce terme prétentieux par un mot un peu plus terre à terre. Au lieu de parler d'entrepreneurs, parlons de démarreurs. Quiconque crée une entreprise est un démarreur. Inutile d'avoir un MBA ou quelque diplôme que ce soit, des vêtements chics, un porte-documents en cuir ou une tolérance au risque supérieure à la moyenne. Il suffit d'une idée, d'un peu de confiance et d'une petite poussée pour démarrer.

Chapitre 3

Le démarrage

Laissez votre marque

Distinguez-vous

Pour travailler vraiment bien, vous devez sentir que votre travail compte, que vous participez à quelque chose d'important, que vous changez un peu le monde. Bon, vous ne découvrirez pas le remède contre le cancer, mais vous voulez au moins avoir l'impression que vos efforts servent à quelque chose, que, si vous cessiez de faire ce que vous faites, les gens s'en apercevraient. Vous espérez que vos clients pensent : « Voilà qui améliore ma vie. »

Vous devriez aussi sentir une certaine urgence. Vous n'avez pas l'éternité devant vous, et c'est l'œuvre de votre vie. Voulez-vous vendre un produit comme les autres ou laisser votre marque en changeant les choses ? Ne vous tournez pas les pouces jusqu'à ce que quelqu'un d'autre fasse le changement auquel vous songez. Et ne croyez pas non plus que ce changement exige une énorme équipe.

Prenez l'exemple de Craigslist, qui a révolutionné l'industrie des petites annonces. Avec quelques dizaines d'employés, cette entreprise génère des dizaines de millions de dollars de recettes, tient un des sites les plus populaires du Web et a sérieusement ébranlé la structure financière de l'industrie des journaux.

De même, le *Drudge Report,* de Matt Drudge, une simple page Web tenue par un seul homme, a bouleversé le monde de l'information[2] et reste un incontournable pour les producteurs de télé, animateurs de tribunes radiophoniques et journalistes à l'affût de nouvelles histoires[3].

Tant qu'à faire quelque chose, faites quelque chose qui compte. Ces gens sortis de nulle part ont pulvérisé des façons de faire vieilles de plusieurs décennies. Vous pouvez en faire autant dans votre domaine.

La nécessité est la mère de l'invention

Répondez à votre propre besoin

Le moyen le plus simple et le plus direct d'inventer un bon produit ou un bon service est d'en concevoir un dont vous avez besoin, que vous aimeriez utiliser. Ainsi, vous travaillerez à résoudre un problème que vous connaissez et vous saurez tout de suite s'il y a du bon dans ce que vous faites.

À 37signals, nous concevons des produits dont nous avons besoin pour notre entreprise. Par exemple, nous voulions un outil pour retracer facilement à qui nous avions parlé, ce que nous avions dit et quel suivi donner. Nous avons donc imaginé notre gestionnaire de contacts Highrise. Les groupes cibles, les études de marché et les intermédiaires étaient superflus : nous répondions à notre propre besoin.

Quand on conçoit un produit ou un service, il faut prendre des centaines de petites décisions au jour le jour. Si on essaie de résoudre le problème d'autrui, on avance à tâtons, mais s'il s'agit du sien, on sait exactement quoi faire.

► Au début des années 1960, en passant l'aspirateur chez lui, l'inventeur James Dyson remarque que son appareil perd constamment sa force d'aspiration ; la poussière bouche les pores du sac et bloque le flux d'air. Ce n'est pas un problème plus ou moins imaginaire que quelqu'un d'autre lui soumet, mais un problème bien réel qu'il connaît. James Dyson décide donc de le résoudre et invente le premier aspirateur cyclonique sans sac au monde[4].

► Au cours des premières années où Vic Firth joue des timbales pour l'orchestre symphonique de Boston, comme les baguettes qu'il trouve dans le commerce ne sont pas à la hauteur de ses exigences, il a l'idée d'en fabriquer chez lui et de les vendre. Un jour, il fait tomber un paquet de baguettes par mégarde et entend les différentes notes qu'elles émettent en touchant le sol. Il se met à jumeler ses baguettes selon leur teneur en humidité, leur poids, leur densité et leur note pour former des paires identiques, d'où le slogan utilisé pour son produit, *la paire parfaite*. Un demi-siècle plus tard, l'entreprise créée par Vic Firth produit plus de 85 000 baguettes par jour et détient 62 % des parts du marché[5].

► Un beau matin, l'entraîneur Bill Bowerman décide qu'il lui faut des souliers de course plus légers et plus performants pour son équipe d'athlétisme. Il va dans son atelier, fait fondre du caoutchouc et le verse dans le gaufrier familial. La fameuse semelle gaufrée de Nike vient de naître[6].

En répondant à leur propre besoin, ces trois hommes ont découvert un énorme marché de clients qui avaient exactement le même besoin. C'est ce que vous devriez faire vous aussi. Si vous concevez un objet ou un service dont vous avez besoin, vous pouvez juger de sa qualité de manière directe et immédiate plutôt qu'en passant par des tiers.

Lorsqu'elle a fondé Mary Kay Cosmetics, Mary Kay Wagner ne doutait pas de l'excellence de ses produits de beauté, puisqu'elle les utilisait elle-même. Elle les prenait chez une esthéticienne qui concoctait ses propres produits et les vendait à des proches et à quelques clients. À la mort de cette femme, Mary Kay Wagner a acheté les recettes des produits à sa famille. Il était inutile de recourir à des groupes cibles et à des études de marché pour vérifier leur efficacité : sa peau en témoignait[7].

Par-dessus tout, l'approche « réglez votre propre problème » crée une passion pour ce que vous êtes en train de faire. Vous connaissez intimement le problème et la valeur de sa solution, et cette intimité est irremplaçable. Après tout, vous y travaillerez pendant des années, et peut-être même le reste de vos jours, alors mieux vaut que vous vous y intéressiez vraiment !

Passez à l'action

On connaît tous quelqu'un qui clame sur tous les toits : « J'ai eu l'idée d'eBay avant eBay. Si je l'avais mise à exécution, je serais milliardaire ! » Voilà une logique aussi illusoire que pathétique. Avoir l'idée d'eBay n'a rien à voir avec le lancement d'eBay. C'est ce qu'on fait qui compte, et non pas ce qu'on dit, ce qu'on pense ou ce qu'on planifie.

Vous croyez que votre idée a de la valeur ? Essayez de la vendre et voyez ce qu'on vous en offre. Probablement pas grand-chose. Tant que vous ne passez pas à l'action, votre brillante idée n'est que ça : une idée. Et des idées brillantes, tout le monde en a.

Stanley Kubrick donnait toujours le même conseil aux aspirants réalisateurs : « Trouvez-vous une caméra et tournez un film, n'importe lequel[8]. » Le cinéaste savait que, si on aspire à créer, il faut s'y mettre. Le plus important est d'agir. Alors trouvez-vous une caméra, appuyez sur le bouton et commencez à filmer.

Les idées courent les rues et ne valent pas cher. La présentation de l'idée de départ compte pour si peu dans la vie d'une entreprise qu'elle est presque négligeable. Tout est dans la façon dont vous mettrez cette idée à exécution.

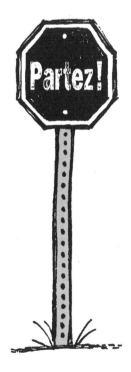

Pas le temps ? Mauvaise excuse !

« Je n'ai pas le temps » est l'excuse la plus répandue pour ne pas passer à l'action. Les gens affirment qu'ils aimeraient démarrer une entreprise, jouer d'un instrument, commercialiser une invention, écrire un livre, etc. Malheureusement, leurs journées sont trop courtes.

Allons donc ! On a toujours assez de temps si on l'utilise bien. Inutile de quitter votre emploi. Gardez-le et occupez-vous de votre projet le soir. Au lieu de regarder la télé ou de jouer à *World of Warcraft*, développez votre idée. Au lieu de vous coucher à 22 heures, couchez-vous à 23 heures. Il ne s'agit pas de passer des nuits blanches ni de travailler 16 heures par jour, mais de dégager quelques heures par semaine pour faire avancer les choses.

Lorsque vous vous y mettrez, vous verrez si votre intérêt et votre enthousiasme se maintiennent ou si ce n'était qu'une passade. Au pire, vous continuerez à gagner votre vie comme vous l'avez toujours fait. Vous n'aurez rien perdu, sinon un peu de temps.

Si vous voulez vraiment quelque chose, vous trouverez du temps à y consacrer, peu importent vos autres obligations. En réalité, la plupart des gens ne tiennent pas vraiment à ce qu'ils disent vouloir et évoquent le manque de temps pour ménager leur ego. Ne vous en sortez pas avec cette excuse. Vous avez la responsabilité de réaliser vos rêves. D'ailleurs, le bon moment pour vous y mettre ne vient jamais. Vous serez toujours trop jeune, trop vieux, trop occupé, trop pauvre ou trop autre chose. Si vous attendez toujours le moment idéal pour passer à l'action, vous ne ferez jamais rien.

Prenez position

Pendant que vous faites ce que vous avez à faire, n'oubliez pas pourquoi vous le faites. Les entreprises qui sortent du lot n'ont pas seulement un produit ou un service, elles ont aussi un point de vue, une position. Vous devez croire en quelque chose, avoir une colonne vertébrale, savoir pour quoi vous êtes prêt à vous battre. Et vous devez le faire savoir.

Prendre position est le meilleur moyen de vous attirer des inconditionnels qui parleront de vous, vous défendront et diffuseront votre message avec plus d'efficacité et de passion que n'importe quelle pub.

Les opinions tranchées se paient. Vous déplairez à certains, on vous taxera d'arrogance et de prétention. C'est la vie. Pour chaque être humain qui vous aime, d'autres vous détestent. Si ce que vous dites ne choque personne, vous n'allez probablement pas assez loin (et vous êtes probablement ennuyeux).

Bien des gens nous maudissent, à 37signals, parce que nos outils en ligne font moins que ceux de nos concurrents, et ils s'offusquent de notre refus d'y ajouter leurs fonctionnalités préférées.

Pourtant, nous sommes aussi fiers de ce que nos produits ne font pas que de ce qu'ils font. Nous tenons à leur simplicité parce que nous trouvons la plupart des logiciels trop complexes : trop de fonctionnalités, trop de boutons, trop de confusion. Nos produits sont tout le contraire, et s'ils ne font pas l'unanimité, ce n'est pas un problème. Nous sommes prêts à perdre certains clients pour que d'autres adorent ce que nous faisons. C'est notre ligne de conduite.

Quand on ne défend aucune position, tout est sujet à discussion, et tous les arguments sont bons. Avec une position claire, les décisions s'imposent d'elles-mêmes.

► Par exemple, les marchés Whole Foods ont décidé de vendre des produits naturels et biologiques de première qualité. Ces gens-là ne perdent pas leur temps à se demander s'ils doivent avoir ceci ou cela en magasin. Personne ne dit : « Devrait-on offrir ce produit même s'il contient des arômes artificiels ? » La question ne se pose pas, car la réponse va de soi. Voilà pourquoi on ne trouve ni Coke ni Snickers chez Whole Foods. Évidemment, à cause de ce choix, la nourriture coûte plus cher chez Whole Foods. Ses ennemis prétendent que le chèque de paie y passe en entier et se moquent des consommateurs qui y font leurs achats. Et alors ? Whole Foods se porte très bien, merci.

► Autre exemple éloquent : à Chicago, à trois coins de rue de nos bureaux, il y a le Vinnie's Sub Shop. Ces gens-là mettent une huile d'olive maison au basilic vraiment divine dans leurs sandwichs absolument parfaits. Mais il faut arriver à temps. Si vous demandez à quelle heure ils ferment, la dame derrière le comptoir vous répond : « Quand nous n'avons plus de pain. » Sérieusement ? « Oui. Nous allons chercher notre pain à la boulangerie le matin, quand il sort du four. Et quand il n'en reste plus (d'habitude vers 14 ou 15 heures), nous fermons boutique. Nous pourrions aller en acheter d'autre, mais il ne serait plus aussi frais. À quoi bon servir quelques sandwichs de plus si le pain n'est pas parfait ? À quoi bon faire quelques dollars de plus si nous ne sommes pas fiers de ce que nous servons ? » Où préférez-vous manger ? Dans un endroit comme celui-ci ou dans une chaîne de restauration rapide ?

Fixez-vous une ligne de conduite

Si vous le **dites,**
faites-le

Si vous le dites, faites-le

Il y a un monde entre défendre une position et avoir un énoncé de mission qui stipule qu'on la défend ; pensez à ces promesses de « service exceptionnel » qu'on écrit juste pour les épingler au mur et qui sonnent terriblement faux…

Imaginez que vous patientez dans un bureau de location de voitures. La pièce est glaciale, le tapis crasseux, et il n'y a personne derrière le comptoir. Vous remarquez une feuille jaunie décorée d'un clipart sur le tableau d'affichage. C'est l'énoncé de mission de l'entreprise.

> Notre mission est de satisfaire les besoins de nos clients en matière de location à court et à long terme de voitures et de camions, ainsi qu'en matière d'achat de voitures, tout en dépassant leurs attentes de service, de qualité et de valeur.
>
> Nous nous efforçons de gagner la fidélité à long terme de nos clients en essayant de dépasser nos engagements, ainsi qu'en étant justes et honnêtes, sans ménager nos efforts pour offrir un service personnalisé exceptionnel assurant aux clients une satisfaction totale.
>
> Nous incitons nos employés à offrir un service exceptionnel à tous les clients en appuyant leur développement professionnel, en leur offrant des possibilités d'avancement et de croissance personnelle, ainsi qu'en les rémunérant équitablement pour leurs succès et leurs réussites[9]. […]

Et ainsi de suite… Pendant que vous lisez ces âneries, vous vous demandez pour quelle sorte d'imbécile on vous prend : de toute évidence, ces mots n'ont rien à voir avec la réalité.

Même chose lorsqu'on vous met en attente et qu'un message enregistré vous répète inlassablement à quel point « votre appel est important pour nous ». « Vraiment ? » pensez-vous. « Alors pourquoi ne pas embaucher du personnel au service à la clientèle ? Vous m'éviteriez, quand j'ai besoin d'aide, de perdre une demi-heure à attendre. Sinon, ne me dites rien du tout mais, de grâce, épargnez-moi la voix de robot qui prétend que mon appel est important pour vous. Je fais la différence entre un être humain qui me témoigne un intérêt véritable et une machine programmée pour répéter des paroles gentilles. »

Prendre position pour quelque chose, ce n'est pas seulement le dire ou l'écrire, c'est le croire et le vivre.

Le financement externe n'est pas le plan B, mais le plan Z

« D'où viendra la mise de fonds initiale ? » Voilà probablement une des premières questions que vous vous poserez. Trop souvent, on croit que la réponse réside dans le financement externe. Si vous ouvrez un restaurant ou une manufacture, il se peut en effet que vous ayez besoin d'investisseurs.

Cependant, dans notre économie de services, beaucoup d'entreprises ne requièrent plus une structure coûteuse. Par exemple, les boîtes de conception de logiciels ou de sites Web, d'infographie, de planification de mariage, etc., peuvent fonctionner avec très peu.

Si vous lancez une entreprise de services, évitez le financement externe. D'ailleurs, peu importe le type d'entreprise, passez-vous-en autant que possible. Dépenser l'argent d'autrui peut sembler sensationnel, mais c'est un piège, et pour plusieurs raisons.

► **Vous renoncez à être seul maître à bord.** Si vous recourez à un financement externe, vous devrez répondre de vos actes. Tout ira bien au début, tant que tout le monde sera d'accord. Mais que se passera-t-il ensuite ? Fondez-vous votre entreprise pour recevoir des ordres d'autrui ? Acceptez un financement externe, et c'est ce qui finira par vous arriver.

► **Encaisser devient plus important que de bâtir une entreprise saine et durable.** Les investisseurs veulent récupérer leur argent, et vite (habituellement en trois à cinq ans). Malheureusement, quand les créanciers ne pensent qu'à toucher « leur dû », les objectifs de qualité et de durabilité de l'entreprise ne font pas le poids.

► **Dépenser l'argent d'autrui crée une dépendance.** Rien n'est plus facile que de dépenser l'argent d'autrui. Une fois que c'est fait, vous êtes de nouveau à court, et vous devez en redemander à vos bailleurs de fonds. Et chaque fois que vous leur en redemandez, votre entreprise devient un peu plus la leur.

► **Vous faites probablement une mauvaise affaire.** Lorsque vous démarrez, vous n'avez aucun levier financier. Il ne pourrait y avoir pire moment pour se livrer à quelque transaction financière que ce soit.

► **Les clients passent au second rang.** Plutôt que de faire ce que veulent les clients, vous finissez par obéir aux désirs des investisseurs.

► **La recherche de fonds distrait de l'essentiel.** Chercher du financement est non seulement difficile mais très énergivore. Trouver des fonds suppose des mois de présentations, de réunions, de négociations, de manigances juridiques, de contrats, etc., autant d'activités qui vous détournent de ce que vous devriez être en train de faire : bâtir quelque chose de formidable.

Le jeu n'en vaut pas la chandelle. On entend constamment des propriétaires d'entreprises qui ont pris cette voie raconter leur histoire de lendemains qui déchantent. D'abord, il y a la brève euphorie du financement obtenu, puis commencent les réunions avec vos investisseurs ou votre conseil d'administration, et bientôt vous vous dites : « Oh là là, dans quoi me suis-je embarqué ? » Trop tard : quelqu'un d'autre tient le gouvernail.

Avant de mettre le doigt dans l'engrenage, cherchez une solution de rechange.

En avez-vous vraiment besoin ?

Il vous faut moins que vous ne le pensez

► Vous faut-il vraiment 10 employés ? Deux ou trois peuvent-ils suffire pour le moment ?

► Vous faut-il vraiment 500 000 $ ou pouvez-vous vous débrouiller avec 50 000 $ (ou 5 000 $) pour le moment ?

► Vous faut-il vraiment six mois ou pouvez-vous sortir quelque chose en deux mois ?

► Vous faut-il vraiment un grand bureau ou pouvez-vous en partager un (ou travailler de la maison) pour le moment ?

► Vous faut-il vraiment un grand entrepôt ou pouvez-vous en louer un petit (ou utiliser votre garage ou votre sous-sol) ou encore sous-traiter l'entreposage ?

► Vous faut-il vraiment acheter de la publicité et engager une entreprise de relations publiques ou y a-t-il d'autres moyens de faire parler de vous ?

► Vous faut-il vraiment votre propre usine ou pouvez-vous faire fabriquer vos produits par quelqu'un d'autre ?

► Vous faut-il vraiment un comptable ou pouvez-vous tenir votre comptabilité vous-même avec Quicken ?

► Vous faut-il vraiment un service informatique ou pouvez-vous utiliser des services extérieurs ?

► Vous faut-il vraiment embaucher quelqu'un à temps plein pour répondre aux demandes ou pouvez-vous le faire vous-même ?

► Vous faut-il vraiment avoir pignon sur rue ou pouvez-vous vendre votre produit en ligne ?

► Vous faut-il vraiment des cartes professionnelles, du papier à en-tête et des prospectus ou pouvez-vous vous en passer ?

Vous saisissez l'idée... Peut-être devrez-vous viser plus haut et donc augmenter vos dépenses un jour, mais pas maintenant.

Il n'y a rien de mal à être une entreprise frugale. Nous avons lancé notre premier produit à très peu de frais : nous partagions les bureaux d'une autre entreprise ; nous n'avions pas de banque de serveurs mais un seul ;

nous n'avons pas acheté de publicité, car nous nous sommes fait connaître en racontant nos expériences en ligne ; nous n'avons engagé personne pour répondre aux courriels des clients, le fondateur de l'entreprise le faisant lui-même. Et tout s'est bien passé.

De merveilleuses entreprises naissent constamment dans des sous-sols ou des garages. Pourquoi pas la vôtre ?

Démarrez une entreprise, pas une start-up

Ah, la start-up...

La start-up est une race d'entreprise très spéciale qui suscite énormément d'intérêt, surtout dans le secteur technologique.

La start-up est un endroit magique. Un endroit où les dépenses ne sont pas votre problème, mais celui de quelqu'un d'autre. Un endroit où il n'est jamais question de ce truc embêtant qu'on appelle des recettes, et où vous pouvez dépenser l'argent des autres jusqu'à ce que vous trouviez le moyen d'en gagner vous-même. Un endroit qui échappe aux lois du monde des affaires, quoi !

Un seul hic : cet endroit magique n'existe que dans les contes de fées. En réalité, toutes les entreprises, qu'elles soient récentes ou établies depuis longtemps, sont soumises aux mêmes forces du marché et aux mêmes lois économiques : avoir plus de recettes que de dépenses, dégager un profit ou disparaître.

La start-up tente d'ignorer cette réalité. Elle est dirigée par des gens qui essaient de retarder autant que possible le moment inévitable où leur société doit arriver à maturité, réaliser un profit et assurer sa durabilité.

L'attitude « on verra plus tard comment faire des profits » est ridicule – aussi absurde que de construire un vaisseau spatial sans tenir compte des lois de la gravité. Une entreprise qui n'est pas sur la voie du profit n'est pas une entreprise mais un passe-temps.

Ne vous servez pas de la notion de start-up comme d'une béquille ; démarrez une vraie entreprise. Les vraies entreprises doivent composer avec les factures et les salaires à payer. Les vraies entreprises se préoccupent du profit dès leur premier jour d'existence. Les vraies entreprises ne balaient pas de graves problèmes sous le tapis en disant : « C'est normal pour une start-up. » Agissez comme un dirigeant de vraie entreprise, et vos chances de succès grimperont en flèche.

Bâtir pour vendre, c'est bâtir pour échouer

« Quelle est votre stratégie de retrait ? » Voilà une question qui revient constamment. Vous débutez à peine qu'on vous la pose déjà. Mais qui sont ces gens incapables de commencer quelque chose sans savoir comment ils vont s'en sortir ? Où est l'urgence ? Si vous vous préparez à vous retirer avant de vous engager, votre sens des priorités déraille.

Entameriez-vous une histoire d'amour en planifiant la rupture ? Signeriez-vous un contrat de mariage au premier rendez-vous ? Iriez-vous consulter un spécialiste en divorce le jour de vos noces ? Ce serait ridicule, non ?

Vous avez besoin d'une stratégie d'engagement, pas d'une stratégie de retrait. Vous devriez être en train de réfléchir à la façon dont vous assurerez le succès de votre projet, pas au moyen de quitter le navire. Si toute votre stratégie est axée sur votre départ, votre entreprise n'ira probablement pas bien loin.

On voit tant de gens d'affaires en herbe placer tous leurs espoirs dans la vente de leur future entreprise, mais les chances qu'un acquéreur leur fasse une offre alléchante sont si infimes… Peut-être 1 sur 1 000 ? ou 1 sur 10 000 ?

Mais ce n'est pas tout. Si vous démarrez une entreprise dans l'intention de la vendre, vous ne vous concentrerez pas sur les bonnes choses. Au lieu de diriger votre attention sur ce qu'il faut faire pour que les clients vous adorent, vous vous focaliserez sur votre acheteur éventuel. Ce n'est pas ce qui devrait vous obséder.

Disons que vous ne suivez pas ce conseil et que la chance vous sourit : vous montez votre entreprise, vous la vendez et vous en tirez une petite fortune. Que se passe-t-il ensuite ? Vous vous installez sur une île tropicale et vous sirotez des piña coladas jusqu'à la fin de vos jours ? Cela vous comblera-t-il ? L'argent suffira-t-il vraiment à votre bonheur ? Préférerez-vous vous tourner les pouces plutôt que de diriger une entreprise que vous aimez et en laquelle vous croyez ?

Voilà pourquoi on entend souvent parler de gens qui vendent leur entreprise et se retirent pendant six mois, puis en démarrent une autre : celle qu'ils ont quittée leur manque. Malheureusement, en général, la nouvelle est bien moins intéressante.

Ne faites pas comme eux. Si vous avez réussi quelque chose de bien, ne l'abandonnez pas. Les choses bien ne courent pas les rues. Ne laissez pas votre entreprise devenir celle qui vous manque.

Il vous faut une stratégie d'engagement ⟶ pas ⟵ une stratégie de retrait

Bail

Contrats à long terme

Stocks

Réunions

Évitez de vous alourdir

Prenez la résolution d'éviter la lourdeur. Vous ne serez jamais plus petit, plus agile et plus rapide qu'en ce moment. À partir de maintenant, vous commencez à vous alourdir. Et plus une chose est lourde, plus il faut d'énergie pour la faire changer de direction. Cette règle s'applique autant dans le monde des affaires que dans le monde physique.

Une entreprise est alourdie par :

- ► les contrats à long terme ;
- ► de trop nombreux employés ;
- ► les décisions définitives ;
- ► les réunions ;
- ► les processus opaques ;
- ► les stocks (physiques ou mentaux) ;
- ► les systèmes, les logiciels et les technologies propriétaires (*lock-in*) ;
- ► les plans à long terme ;
- ► les jeux de pouvoir internes.

Évitez tout ça autant que possible, et vous pourrez changer de cap facilement. Plus un changement coûte cher, moins il est probable que vous le fassiez.

Les très grandes organisations peuvent mettre des années à prendre une nouvelle direction. Elles parlent plutôt que d'agir, elles organisent des réunions plutôt que de passer à l'action. Si vous restez léger, vous pouvez changer n'importe quoi très rapidement, que ce soit votre modèle d'entreprise, votre produit, vos caractéristiques ou votre message de marketing. Vous pouvez faire des erreurs et les réparer sans tarder. Vous pouvez changer de priorités, de gamme de produits ou de centre d'intérêt. Et, plus important encore, vous pouvez changer d'idée.

Chapitre 4

La progression

Bénissez vos contraintes

« Je n'ai pas assez de temps/d'argent/d'employés/d'expérience. » Cessez de vous plaindre. Ne pas tout avoir est une bonne chose. Les contraintes sont des atouts déguisés : elles vous forcent à vous accommoder de ce que vous avez, évitent le gaspillage et vous rendent plus créatif.

► Les prisonniers qui se bricolent des armes avec du savon ou des ustensiles de cuisine se débrouillent avec les moyens du bord. Comme eux, devenez inventif et vous serez étonné de tout ce que vous réussirez à faire avec très peu.

► Les écrivains recourent continuellement à des contraintes pour stimuler leur créativité. Shakespeare a révélé son génie dans les limites étroites du sonnet. Les règles strictes des haïkus et des limericks[10] sont d'autres contraintes créatrices. Des auteurs comme Ernest Hemingway et Raymond Carver ont compris que s'obliger à écrire dans une langue claire et simple rendait leurs textes plus percutants.

► Créé aux États-Unis en 1956, l'impérissable jeu télévisé *The Price Is Right* est un bel exemple de carcan créateur avec sa centaine de jeux tous basés sur la même question : « À combien estimez-vous cet objet ? » Une formule simplissime dont le succès ne se dément pas depuis un demi-siècle.

► Alors que la plupart des transporteurs aériens utilisent plusieurs modèles d'avions, l'entreprise américaine Southwest s'en tient aux Boeing 737. Résultat : tous ses pilotes, agents de bord, mécaniciens, etc., peuvent travailler à bord de n'importe quel appareil, et toutes les pièces conviennent à tous ses avions, ce qui réduit les coûts et facilite la gestion de la compagnie. Les dirigeants de Southwest se sont simplifié la vie.

Pendant que nous concevions Basecamp, nous avions des tas de contraintes : une boîte de conception de sites Web avec des clients et des travaux en cours, un décalage de 17 heures entre les directeurs (David faisait la programmation au Danemark alors que le reste d'entre nous était aux États-Unis), une très petite équipe et pas le moindre financement externe. Ces contraintes nous ont forcés à créer un produit très simple.

Aujourd'hui, nous avons plus de ressources matérielles et humaines, mais nous nous imposons encore des contraintes. Nous ne travaillons jamais plus de deux à la fois à un même produit, et nous limitons toujours les fonctionnalités au strict nécessaire, deux limites qui nous empêchent de produire des logiciels obèses.

Alors avant d'entonner la complainte du « pas assez », voyez jusqu'où vous pouvez vous rendre avec ce que vous avez.

Moins, c'est mieux

—Mieux vaut—

une moitié
géniale

—qu'un—
tout
banal

Réduisez vos ambitions

Une foule d'idées brillantes peuvent donner un produit médiocre si vous tentez de les réaliser en même temps. Vous ne pouvez pas faire tout ce que vous voulez faire et, en même temps, bien le faire. Votre temps, vos ressources, vos capacités et votre concentration ont des limites. Il est déjà très difficile de bien faire une seule chose ; essayer d'en faire 10 à la fois, c'est de la folie.

Sacrifiez certaines idées pour le bien de l'ensemble. Réduisez vos ambitions de moitié. Mieux vaut une moitié géniale qu'un tout banal. De toute façon, avec du recul, la plupart de vos bonnes idées vous sembleront moins lumineuses. Et si elles s'avèrent vraiment brillantes, il sera toujours temps de les mettre à exécution.

Beaucoup de choses gagnent à être élaguées. Les réalisateurs coupent de bonnes scènes pour faire un meilleur film. Les musiciens éliminent de bonnes pièces pour faire un meilleur album. Les écrivains raturent de bonnes pages pour faire un meilleur livre. Nous avons réduit ce livre de moitié : il est passé de 57 000 à quelque 27 000 mots entre son avant-dernière version et sa dernière. Croyez-nous, il est bien meilleur ainsi.

Commencez à élaguer ce qui doit l'être. Pour atteindre l'excellence, il faut d'abord se débarrasser de ce qui est tout juste « bon ».

Point
de
départ

Commencez au cœur de l'entreprise

Au début d'un projet, des forces vous entraîneront dans toutes les directions. Il y a ce que vous pourriez faire, ce que vous voulez faire et ce que vous devez faire. On doit toujours s'attaquer en premier lieu à ce qu'il faut faire.

Occupez-vous d'abord de ce qui est au cœur de votre entreprise. Par exemple, si vous voulez ouvrir un restaurant de sushis, vous pouvez vous soucier des condiments, du local, du nom et de la décoration, mais vous devriez d'abord vous inquiéter des sushis. Les sushis sont au cœur de votre entreprise ; tout le reste est périphérique.

Pour savoir ce qui est au cœur de votre entreprise, posez-vous cette question : « Si j'enlève telle ou telle chose, ce que je vends existe-t-il encore ? » Vous pouvez éliminer le tamari, le wasabi et le gingembre mariné ; certains n'aimeront peut-être pas vos sushis sans condiments, mais vous aurez encore un restaurant de sushis. Par contre, sans sushis, pas de restaurant de sushis.

Trouvez ce qui est au cœur de votre entreprise. Lequel des éléments de votre équation est indispensable ? Si vous pouvez vous en sortir en enlevant ceci ou cela, le cœur est ailleurs. Quand vous le trouverez, vous le saurez. Consacrez alors tous vos efforts à le rendre aussi excellent que possible. Tout le reste en dépend.

Les détails peuvent attendre

Les architectes ne s'occupent pas de la marque du lave-vaisselle ni de la couleur des carreaux de la douche avant d'avoir terminé le plan d'étage. Ils savent qu'il vaut mieux attendre pour régler ces détails.

Abordez votre idée dans cet esprit. Les détails changent tout, mais s'en préoccuper trop tôt entraîne des désaccords, des réunions et des retards. Vous risquez de vous égarer dans des considérations futiles ou de perdre du temps à prendre des décisions que vous devrez remettre en question de toute façon. Alors oubliez les détails, pour le moment. Posez les bases, vous vous occuperez de la finition plus tard.

À 37 signals, quand nous esquissons un projet, nous utilisons un gros crayon-feutre bien épais plutôt qu'un stylo. Pourquoi ? Parce qu'un stylo est trop fin, trop « haute définition ». Il nous incite à nous absorber dans des détails auxquels nous ne devrions même pas penser à cette étape, comme la grosseur du pointillé et le peaufinage des ombres.

Le gros crayon-feutre nous empêche de nous rendre aussi loin. Il ne permet de tracer que des formes, des lignes et des boîtes, et c'est parfait ainsi. Au début, il faut s'en tenir au tableau général.

Walt Stanchfield, le fameux instructeur de dessin de Walt Disney Studios, conseillait toujours aux animateurs d'y aller d'abord à grands traits parce que « les détails n'apportent rien dans les premières étapes ».

D'ailleurs, on ignore souvent quels détails prendront de l'importance tant qu'on n'a pas posé les bases. C'est là qu'on voit ce qui manque et ce qui doit être amélioré ; il est alors temps de s'y intéresser. Pas avant.

Décider,

↓

c'est

↓

avancer

Prendre des décisions fait avancer

Quand vous reportez des décisions, elles s'empilent. Et comme toujours avec les piles, tout ce qui s'y trouve finit par être oublié, bâclé ou jeté. Résultat : les problèmes restent en suspens.

Autant que possible, dites : « Prenons une décision » plutôt que : « Prenons le temps d'y penser. » Osez trancher. N'attendez pas la solution idéale ; décidez-vous et allez de l'avant. Habituez-vous à faire des choix. Prendre décision sur décision donne de l'élan et remonte le moral. Décider, c'est progresser. Chaque décision apporte sa pierre à l'édifice. On peut bâtir sur ce qu'on a réglé, pas sur ce qu'on a reporté.

Vous retardez une décision parce que vous espérez trouver plus tard une solution parfaite ? N'y comptez pas. Vous avez autant de chances de prendre une bonne décision aujourd'hui que demain.

À 37 signals, nous avons longtemps tardé à créer un programme d'affiliation[11] pour nos produits parce que la « solution idéale » nous semblait trop compliquée : il aurait fallu automatiser les paiements, poster des chèques, connaître la législation fiscale des pays de nos affiliés, etc. Nous sommes sortis de l'impasse le jour où nous nous sommes demandé : « Qu'est-ce qui serait mieux que rien ? » Réponse : offrir à nos affiliés un crédit plutôt qu'un règlement en argent. Nous avons fonctionné ainsi un certain temps, puis nous avons implanté un système de paiement en argent. Les décisions ont ceci de bon que rien ne vous oblige à les maintenir pour l'éternité. Si vous faites une erreur, vous pouvez la corriger.

Vous aurez beau tout planifier jusqu'au moindre détail, vous ferez quand même des erreurs. N'empirez pas les choses en tergiversant avant de commencer.

Les projets qui traînent en longueur minent le moral. Plus la gestation est lente, moins le lancement est probable. Décidez-vous, progressez et lancez quelque chose pendant que vous êtes motivé et porté par votre élan.

Procédez comme un conservateur de musée

Rassembler au même endroit toutes les œuvres des meilleurs peintres du monde n'en ferait pas un grand musée, tout juste un entrepôt. Ce qui fait un grand musée, c'est ce qui ne s'y trouve pas. Quelqu'un a dit non. Un conservateur choisit soigneusement, pièce par pièce, ce qu'il garde et ce qu'il élimine. À la fin, il y a beaucoup moins de toiles sur les murs que de toiles qui n'y sont pas. Le fin du fin est un sous-sous-sous-échantillon de toutes les possibilités.

Ce sont les choses auxquelles vous renoncez qui comptent. Cherchez ce que vous pouvez enlever, simplifier, épurer. Procédez comme un conservateur de musée. Tenez-vous-en à l'essentiel. Éliminez des éléments jusqu'à ce qu'il ne reste que les meilleurs. Puis éliminez-en encore. Il sera toujours temps d'en remettre s'il le faut.

Zingerman's est une des épiceries fines les plus renommées des États-Unis parce que ses propriétaires agissent en conservateurs de musée. Ils ne se contentent pas de remplir leurs rayons : ils sélectionnent avec le plus grand soin chacun des produits qui s'y trouvent.

Chaque huile d'olive qui entre chez Zingerman's a une bonne raison d'y être : les gens de Zingerman's l'aiment vraiment. En général, ils connaissent son fournisseur depuis des années, lui ont rendu visite et ont cueilli des olives avec lui. Ils peuvent garantir l'authenticité et la plénitude de chacune de leurs huiles. Sur le site Web de cette épicerie fine, un des deux fondateurs décrit l'huile d'olive californienne Pasolivo :

> « J'ai goûté cette huile il y a des années, par hasard, parce qu'on m'en avait envoyé un échantillon en me la recommandant. Beaucoup d'huiles se présentent dans une belle bouteille avec une histoire très touchante – et c'était le cas de l'huile Pasolivo –, mais la plupart n'ont rien d'exceptionnel. L'huile Pasolivo, quant à elle, a retenu mon attention dès que je l'ai goûtée : puissante, robuste, fruitée, tout ce que j'aime d'une huile, sans le moindre défaut. C'est toujours l'une des meilleures huiles produites aux États-Unis, à la hauteur des grandes huiles rustiques de la Toscane. Je vous la recommande fortement[12]. »

Le propriétaire a vraiment goûté l'huile et il a décidé de la mettre sur ses tablettes pour sa saveur exceptionnelle. Pas pour son emballage, son marketing ou son prix, mais pour sa qualité. Il l'a essayée, l'a aimée et a su qu'il devait l'offrir à ses clients. Voilà l'approche qui devrait vous guider.

Ça va mal ? Faites-en moins !

Ceux qui ont suivi la série télévisée du chef Gordon Ramsay, *Ramsay's Kitchen Nightmares*[13], le savent : les restaurants en difficulté mettent toujours trop de plats au menu. Leurs propriétaires espèrent élargir leur clientèle en multipliant les mets, mais ils n'obtiennent qu'une nourriture médiocre et des problèmes de stocks.

Gordon Ramsay commence donc presque toujours par raccourcir la carte ; d'une trentaine de plats, il la ramène à une dizaine. Voilà qui donne à réfléchir. Pour ce chef, le plus urgent n'est pas d'améliorer ce qu'on offre déjà, mais de l'élaguer. Ensuite, il fignole ce qui reste.

Quand quelque chose ne va pas, on a tendance à en rajouter : plus de temps, plus d'argent, plus de personnel. Et tout ça ne fait qu'empirer le problème. Pour y remédier, il faut au contraire revenir sur ses pas.

Alors faites-en moins. Votre projet n'en souffrira pas autant que vous le pensez. Peut-être même s'en portera-t-il mieux, car vous devrez faire des choix difficiles et vous en tenir à ce qui importe vraiment.

Si vous commencez à reculer les échéances et à augmenter le budget, vous n'en finirez jamais.

Misez

(sur ce qui)

dure

Concentrez-vous sur ce qui ne changera pas

Beaucoup de nouvelles entreprises aiment surfer sur la prochaine vague. Elles ne jurent que par la nouveauté, suivent les dernières tendances et se veulent à la fine pointe de la technologie.

Quelle absurdité que de lancer une entreprise axée sur la mode plutôt que sur la substance, sur ce qui change constamment plutôt que sur ce qui dure ! Votre activité principale doit reposer sur ce qui ne changera pas. Ce que les gens voudront tout de suite et encore dans 10 ans, voilà dans quoi vous devez investir.

► Amazon.com mise sur une livraison rapide (ou gratuite), un vaste choix, une politique de retour conviviale et des prix abordables – toutes choses pour lesquelles il y aura toujours une forte demande.

► Les constructeurs automobiles japonais ont eux aussi misé sur des valeurs sûres : leurs voitures ont la réputation d'être fiables, abordables et pratiques. Voilà ce que les gens voulaient il y a 30 ans, ce qu'ils veulent aujourd'hui et ce qu'ils voudront dans 30 ans.

37signals table sur la vitesse, la simplicité, la convivialité et la clarté, des qualités dont on ne se lasse jamais. Il serait étonnant que dans 10 ans on se mette à dire : « J'aimerais tellement que ce logiciel soit plus lent ! » ou « Si seulement cette application était plus complexe et plus difficile à utiliser ! »

Souvenez-vous que les modes passent. Si vous misez sur ce qui ne change pas, vous ne vous démoderez jamais.

L'équipement
importe
peu

C'est le contenu qui compte

« Le son est dans les doigts », disent les gourous de la guitare. Vous aurez beau acheter la même guitare, les mêmes pédales d'effet et le même amplificateur qu'Eddie Van Halen, quand vous jouerez, le son restera le vôtre. Eddie, lui, gratterait une mauvaise Fender Strat branchée sur un Pignose chez un prêteur sur gages, et vous reconnaîtriez encore le son Van Halen. Un équipement sophistiqué peut vous aider, mais le son vient de vous.

Certaines personnes sont obnubilées par les outils au point d'oublier à quoi ils devraient servir. Comme ces concepteurs graphiques qui multiplient les polices funky et les filtres Photoshop mais n'ont rien à dire. Ou ces soi-disant passionnés de photo qui préfèrent débattre sans fin des mérites respectifs de l'argentique et du numérique plutôt que de se concentrer sur ce qui fait une photographie exceptionnelle.

Bien des golfeurs amateurs pensent qu'il leur faut des bâtons très chers, mais c'est l'élan qui compte, pas le bâton. Donnez de mauvais bâtons à Tiger Woods, et il vous écrasera quand même.

Les gens pensent racheter la paresse par l'équipement. Ils cherchent un raccourci : à défaut de passer des heures à s'entraîner, ils dépensent une fortune à la boutique du pro. En réalité, vous n'avez pas besoin du meilleur matériel pour être bon, et encore moins à vos débuts.

En affaires, trop de gens deviennent obsédés par les applications, les trucs et astuces des logiciels, les questions d'expansion, les bureaux chics, les meubles luxueux et autres futilités plutôt que par ce qui importe réellement : trouver des clients et gagner de l'argent. D'autres veulent créer un blogue, enregistrer un balado ou tourner une vidéo pour leur entreprise mais ils se focalisent sur le matériel à utiliser. C'est le contenu qui compte ! Vous aurez beau dépenser une fortune en matériel de haute technologie, si vous n'avez rien à dire… eh bien, vous n'avez rien à dire.

Utilisez ce que vous possédez déjà ou que vous pouvez trouver à bon marché, et lancez-vous. Oubliez l'équipement ; l'important est de jouer de votre mieux avec ce que vous avez. Votre son est dans vos doigts.

Produire une seule chose est impossible

Vendez vos sous-produits

Dès que vous produisez quelque chose, vous produisez aussi autre chose. Produire une seule chose est impossible : tout produit a son sous-produit. Les gens d'affaires observateurs et créatifs repèrent ces sous-produits et trouvent le moyen d'en tirer parti.

L'industrie forestière vend maintenant à bon prix ses rebuts de jadis : poussières, particules, copeaux, bois déchiqueté, etc. On les retrouve dans les bûches synthétiques, le béton, le renforcement de coque de navire, les paillis, le bois aggloméré, les combustibles et une multitude d'autres produits.

À moins que vous vous lanciez dans la production industrielle, vous aurez du mal à déceler vos sous-produits. Contrairement aux dirigeants de l'industrie forestière qui ne peuvent les ignorer, vous ne les voyez pas. Peut-être même pensez-vous que vous n'en produisez pas, mais c'est de la myopie.

► Notre dernier livre, *Getting Real,* était un sous-produit. Nous l'avons écrit sans nous en apercevoir. L'expérience qui venait avec le fait de bâtir une entreprise et de créer un logiciel était le résidu de notre travail. Nous avons diffusé ce savoir d'abord dans des blogues, puis dans une série d'ateliers, ensuite en PDF et finalement en livre de poche. Ce sous-produit a rapporté à 37signals plus d'un million de dollars directement, et probablement autant en retombées indirectes. Vous êtes en train de lire un autre de nos sous-produits.

► Le groupe rock Wilco a trouvé un sous-produit intéressant dans son travail d'enregistrement. Il a filmé la création d'un album et en a fait un documentaire intitulé *I Am Trying to Break Your Heart,* une incursion non censurée et absolument fascinante dans le processus créatif et les conflits internes du groupe. En plus de lui rapporter de l'argent, ce film a permis à Wilco de se faire connaître d'un plus vaste public.

► Un jour, Henry Ford a entendu parler d'un procédé qui pouvait transformer les chutes du bois qui servait à la production des Ford T en briquettes de charbon. Il a construit une usine de charbon et fondé la Ford Charcoal. Rebaptisée Kingsford Charcoal, cette compagnie reste encore aujourd'hui le premier fabricant de charbon de bois aux États-Unis[14].

Habituellement, les concepteurs de logiciels ne pensent pas à écrire des livres, les groupes rock ne pensent pas à filmer leurs séances d'enregistrement, pas plus que les constructeurs d'automobiles ne pensent à vendre du charbon. Vous avez probablement vous aussi une chose à laquelle vous ne pensez pas mais que vous pourriez vendre.

Sortez-le
de vos
cartons !

Lancez-vous !

À quel moment votre produit ou votre service est-il au point ? Quand devez-vous le lancer ? Quand pouvez-vous prendre le risque de l'offrir ? Probablement bien avant que vous vous sentiez prêt. Votre produit fait-il ce qu'il est censé faire ? Si oui, sortez-le. Ce n'est pas parce qu'il vous reste des détails à régler que le temps n'est pas venu. Ne retardez pas le processus sous prétexte que tout n'est pas fini. Vous réglerez le reste plus tard – peut-être mieux, d'ailleurs.

Si vous deviez lancer votre entreprise dans deux semaines, quels raccourcis prendriez-vous ? De quoi vous passeriez-vous ? Étonnant comme ce genre de question ramène à l'essentiel. Soudain, on se rend compte que bien des choses sont superflues, et les plus cruciales deviennent flagrantes. En s'imposant une échéance, on gagne en lucidité. On réveille cet instinct, cette petite voix qui dit : « Nous pouvons nous passer de ça. »

Éliminez tout ce dont vous n'avez pas besoin pour votre lancement. Occupez-vous de l'indispensable, vous verrez au reste plus tard. En y réfléchissant, vous constaterez que tout n'est pas obligatoire dès le jour 1.

- ► Quand nous avons lancé Basecamp, nous n'avions même pas ce qu'il fallait pour facturer son utilisation aux clients. Comme nos factures sont mensuelles, nous disposions d'une trentaine de jours après le lancement pour y voir. Nous avons donc consacré tout le temps qui nous restait à régler ce qui devait l'être dès le jour 1. Le jour 30 pouvait attendre.

- ► À San Francisco, la célèbre compagnie de chaussures Camper a ouvert une boutique encore en construction et l'a baptisée *Walk in Progress*[15]. On avait disposé les chaussures sur un contreplaqué soutenu par des dizaines de boîtes, et les clients pouvaient dessiner et écrire sur les murs nus du magasin. Le plus populaire des graffitis se lisait ainsi : « Laissez cette boutique exactement comme elle est[16]. »

► De même, les fondateurs de Crate and Barrel n'ont pas attendu de pouvoir s'offrir des étalages raffinés pour ouvrir leur première boutique d'articles de maison importés. En guise de présentoirs, ils ont utilisé les caisses et les barils dans lesquels la marchandise arrivait, d'où le nom de l'entreprise[17].

Attention, il ne s'agit pas de lésiner sur la qualité ; vous voulez toujours faire quelque chose de formidable. Nous disons seulement que le meilleur moyen d'y parvenir est de procéder par versions successives. Cessez d'imaginer ce qui marchera et ce qui clochera. Découvrez-le au fur et à mesure.

Chapitre 5

La productivité

Soyez

concret

Évitez les faux consensus

Le monde des affaires croule sous des monceaux de paperasse qui ne sont qu'une perte de temps. Tous ces rapports que personne ne lit, ces diagrammes que personne ne regarde, ces spécifications qui ne ressemblent jamais au produit fini prennent un temps fou à préparer… et s'oublient en quelques secondes.

Si vous devez expliquer quelque chose, tâchez de le faire le plus concrètement possible. Au lieu de décrire, dessinez ; au lieu d'expliquer le fonctionnement, montrez-le. Faites tout ce que vous pouvez pour éliminer des couches d'abstraction.

Les abstractions (comme les rapports et autres paperasses) sont problématiques parce qu'elles donnent lieu à de faux consensus. Cent personnes qui lisent les mêmes mots peuvent s'imaginer une centaine de choses différentes. Voilà pourquoi il est si important d'arriver à du concret dès le début : c'est là qu'on saisit vraiment de quoi il s'agit. Lorsque 100 personnes lisent la description d'un individu, chacune s'en fait une image différente, mais dès qu'elles voient cet individu, toutes savent exactement de quoi il a l'air.

► Pour construire son fameux Airport of the Future, l'équipe d'Alaska Airlines ne s'est pas contentée de plans et de croquis. Elle a d'abord fabriqué dans un entrepôt des maquettes grandeur nature de l'aire d'enregistrement ; des cartons ont servi à simuler les comptoirs, les estrades et les tapis roulants. Puis, elle en a installé un prototype à l'aéroport d'Anchorage pour tester le système avec de vrais passagers et du vrai personnel. Le concept d'aire d'enregistrement qui a résulté de ce processus éminemment concret a accru la productivité des employés et a considérablement réduit le temps d'attente[18].

► Le très admiré ébéniste et créateur de meubles Sam Maloof disait ne pas pouvoir dessiner d'avance tous les motifs et les détails d'une chaise ou d'un tabouret : « Souvent, j'ignore comment je ferai telle ou telle partie avant de commencer à y travailler avec un ciseau, une râpe ou un autre outil[19]. » Tout le monde devrait suivre son exemple. Alors attrapez un ciseau et commencez à travailler sur du concret. Le reste n'est que diversion.

Travaillez-vous pour rien?

Il est facile de plonger tête baissée dans le boulot et de travailler uniquement sur ce qu'on pense avoir à faire. Il est beaucoup plus difficile de garder les yeux en face des trous et de vous demander pourquoi vous devez le faire. Voici quelques questions à vous poser pour vous assurer que vous ne travaillez pas pour rien.

► **Pourquoi faites-vous ce que vous êtes en train de faire?** Vous êtes-vous déjà surpris en train de travailler à quelque chose sans trop savoir pourquoi, sinon qu'on vous avait dit de le faire? Cette situation n'est pas rare, d'où l'importance de vous demander pourquoi vous travaillez à ceci ou cela. À quoi cela servira-t-il? Qui en bénéficiera? Qu'est-ce qui vous motive à le faire? Répondre à ces questions vous aidera à mieux comprendre votre travail.

► **Quel problème êtes-vous en train de régler?** Où se situe le problème? Les clients ont-ils du mal à comprendre? Éprouvez-vous vous-même une certaine confusion? Y a-t-il des choses qui ne sont pas assez claires? Voyez-vous quelque chose qui n'était pas possible jusqu'ici et qui devrait l'être maintenant? Si vous vous posez ces questions, vous découvrirez parfois que vous êtes en train de résoudre un problème imaginaire. Il est alors temps de vous arrêter et de réévaluer l'importance réelle de ce que vous faites.

► **Est-ce vraiment utile?** Êtes-vous en train de faire quelque chose d'utile ou seulement de faire quelque chose? On confond souvent enthousiasme et utilité. Parfois, il est bon de s'amuser un peu pour arriver à quelque chose qui est *cool,* mais tôt ou tard il faut arrêter et se demander si ce qu'on fait est vraiment utile. Ce qui est *cool* sera vite dépassé; l'utile ne le sera jamais.

► **Ajoutez-vous de la valeur?** Ajouter quelque chose est facile; ajouter de la valeur ne l'est pas. Ce à quoi vous travaillez ajoutera-t-il de la valeur à votre produit? Vaudra-t-il vraiment plus aux yeux de vos clients ? Parfois, en voulant ajouter de la valeur, on obtient le résultat inverse : trop de mayonnaise peut gâcher les meilleures frites. La valeur est une question d'équilibre.

► **Est-ce un ajout qui modifie les comportements ?** Ce à quoi vous travaillez changera-t-il vraiment quelque chose ? N'ajoutez rien à moins que cela n'ait un effet réel sur la façon dont les gens utilisent votre produit.

► **Y a-t-il une solution plus simple ?** Quand vous travaillez à quelque chose, cherchez toujours un moyen plus facile d'arriver à vos fins ; souvent, vous en trouverez un plus que satisfaisant. La plupart des problèmes sont relativement simples, mais on s'imagine qu'ils exigent des solutions complexes.

► **Que pourriez-vous faire d'autre pendant ce temps ?** Que pourriez-vous accomplir d'autre si vous n'étiez pas en train de faire ce que vous faites ? La question est particulièrement importante pour les petites équipes aux ressources limitées, qui ont encore plus intérêt à établir des priorités. Si vous travaillez à A, pourrez-vous quand même terminer B et C d'ici deux mois ? Sinon, vaudrait-il mieux faire B et C plutôt que A ? Si vous vous absorbez dans une tâche durant une longue période, vous renoncez forcément à faire autre chose pendant ce temps.

► **Cela en vaut-il vraiment la peine ?** Ce que vous faites vaut-il vraiment la peine d'être fait ? Cette réunion mérite-t-elle que six personnes perdent une heure de travail pour y assister ? Est-il vraiment nécessaire que vous passiez la nuit sur ce travail ? Ne pourriez-vous pas le finir demain ? Ce communiqué de votre concurrent mérite-t-il tout le stress qu'il déclenche en vous ? Est-il vraiment utile de dépenser votre argent en publicité ? Déterminez la valeur réelle de ce que vous êtes sur le point de faire, mais avant de plonger.

Posez-vous constamment (et posez aux autres) les questions qui précèdent. Inutile d'en faire un processus en bonne et due forme, mais ne laissez pas les choses aller à la dérive.

Surtout, n'hésitez pas à tirer les conclusions qui s'imposent. Laisser tomber ce que vous faites peut s'avérer la meilleure décision à prendre, même si vous y avez déjà consacré beaucoup d'énergie. Ne gaspillez pas un temps précieux à terminer un travail qui n'en vaut pas la peine.

Productivité

Interruption

tivité

Les interruptions minent la productivité

Si vous passez vos soirées et vos fins de semaine au bureau, ce n'est pas parce que vous avez trop de travail mais parce que vous n'arrivez pas à en abattre assez durant les jours de semaine. Pourquoi ? À cause des interruptions.

Pensez-y : quand accomplissez-vous le gros de votre travail ? Si vous êtes comme la plupart des gens, ce sera le soir, tôt le matin ou durant la fin de semaine, autrement dit, quand il n'y a personne dans les parages. Il ne s'agit pas d'une coïncidence.

À deux heures de l'après-midi, les gens se trouvent généralement en réunion, en train de répondre à leurs courriels ou occupés à clavarder avec des collègues. Ces réunions et petits rendez-vous impromptus qui peuvent sembler anodins sont en fait l'ennemi numéro un de la productivité. Interruption n'égale pas collaboration : interruption égale interruption. Et lorsque vous êtes interrompu, votre travail n'avance pas.

Les interruptions fractionnent votre journée de travail en une suite de courts moments de travail. Quarante-cinq minutes, et vous répondez à un appel. Quinze minutes, et c'est l'heure du repas. Une heure, et vous vous rendez à une réunion. La journée s'achève, et c'est tout juste si vous avez joui de deux heures de travail ininterrompu. Or, vous ne pourrez rien accomplir de substantiel si vous êtes sans cesse en train de commencer, d'arrêter, de recommencer, d'arrêter, etc.

Il vous faut exactement le contraire. Les longues plages de solitude sont les moments les plus productifs. On est toujours étonné de la somme de travail qu'on abat lorsqu'on peut s'absorber dans une tâche (par exemple, quand on travaille en avion sans téléphone, ni courriel, ni aucune autre source de distraction).

Atteindre ce degré de concentration exige du temps et suppose qu'on évite les interruptions. C'est un peu comme le sommeil paradoxal : on n'y accède pas directement ; il faut d'abord s'endormir, puis y plonger graduellement. Toute interruption force à recommencer à zéro. De la même façon que la vraie magie du sommeil opère durant le sommeil paradoxal, la magie de la productivité opère durant la plage de solitude.

Inutile de vous lever à l'aube pour jouir d'une plage de solitude ; vous pouvez en ménager une au bureau. Décidez que la moitié de la journée sera réservée à cette fin. Décrétez qu'entre 10 heures et 14 heures, personne ne parle à ses collègues (sauf durant le repas), faites de la matinée (ou de l'après-midi) votre plage de solitude personnelle ou inspirez-vous des « vendredis décontractés » et instaurez les « jeudis silencieux ». Quelle que soit la formule, veillez à ce que ces plages de solitude soient rigoureusement respectées si vous voulez éviter les interruptions qui minent la productivité. Pour cela, il faut vaincre la dépendance à la communication. Une plage de solitude réussie exige de renoncer aux textos, aux appels téléphoniques, aux courriels et aux réunions : on ferme tout, on se tait et on travaille. Les résultats vous étonneront.

Dernier conseil : pour communiquer avec vos collaborateurs, privilégiez les moyens passifs qui ne commandent pas une réponse immédiate, comme les courriels, plutôt que les moyens interruptifs, comme les appels et les réunions. Ainsi, vos collaborateurs peuvent répondre à leur convenance plutôt que de tout laisser tomber sur-le-champ.

Votre journée est assiégée par les interruptions ? À vous de la défendre !

Les réunions sont toxiques

Les réunions sont les pires interruptions qui soient pour les raisons suivantes :

- ► Elles portent généralement sur des mots et des concepts, et non sur du concret.
- ► Elles ne véhiculent habituellement qu'une quantité infinitésimale d'information par minute.
- ► Elles perdent très vite leur objectif de vue.
- ► Elles exigent une préparation approfondie que la plupart des gens ne trouvent pas le temps de faire.
- ► Leur ordre du jour est souvent si vague que personne ne peut dire exactement ce qu'elles visent.
- ► Elles incluent souvent au moins un imbécile qui fait immanquablement perdre du temps aux autres avec des bêtises.
- ► Elles se reproduisent à toute vitesse : une réunion en entraîne une autre qui en entraîne une autre, etc.

Autre problème : on programme généralement les réunions comme des émissions de télé. On leur réserve 30 minutes ou une heure parce que c'est ainsi que fonctionnent les logiciels de gestion du temps. Personne ne planifie une réunion de sept minutes sur Outlook ; dommage, car s'il ne faut que sept minutes pour atteindre le but de la réunion, vous ne devriez pas y passer une minute de plus. Tâchez de ne pas étirer ces 7 minutes jusqu'à 30.

À la réflexion, le vrai coût des réunions est stupéfiant. Si vous convoquez 10 personnes à une réunion d'une heure, vous venez d'organiser une réunion de 10 heures. Vous échangez 10 heures de productivité contre une heure en réunion. Et il s'agit plutôt de 15 heures que de 10, parce qu'arrêter ce qu'on est en train de faire, se déplacer pour assister à une réunion, en revenir, puis se replonger dans ce qu'on faisait prend aussi un temps qu'il faut multiplier par 10.

Troquer de 10 à 15 heures de productivité contre une heure de réunion peut-il être justifié ? Parfois, peut-être. Mais c'est payer le prix fort. Du strict point de vue des coûts, les réunions de cette ampleur deviennent vite un luxe inabordable. Pensez au temps perdu en réunions et demandez-vous ce que vous en retirez. Le jeu en vaut-il la chandelle ?

Si vous devez absolument vous réunir, essayez d'optimiser la productivité de votre réunion en observant quelques règles simples :

- ► Réglez une minuterie ; lorsqu'elle sonne, la réunion se termine, point final.
- ► Invitez le moins de gens possible.
- ► Préparez un ordre du jour très clair.
- ► Commencez par un problème précis.
- ► Rencontrez-vous à l'endroit où le problème se pose plutôt que dans une salle de réunion. Expliquez-le concrètement et proposez des changements concrets.
- ► Trouvez une solution avant la fin de la réunion et désignez la personne chargée de l'appliquer.

Le mieux

est l'ennemi

---

du bien

Visez l'efficacité plutôt que l'excellence

Des tas de gens adorent les solutions complexes. La trituration de méninges peut créer une dépendance, et vous vous mettez ensuite à chercher le prochain gros défi qui vous procurera la même euphorie, quel qu'en soit le prix.

Trouvez de préférence une solution de judoka, c'est-à-dire une solution qui comporte un maximum d'efficacité pour un minimum d'effort. Quand vous vous heurtez à un obstacle, essayez toujours de trouver une solution de judoka.

Pour ce faire, il faut d'abord admettre qu'il existe différentes manières de résoudre un problème. Si votre défi consiste à trouver une vue panoramique, vous pouvez y arriver en escaladant l'Everest – la solution ambitieuse – ou en prenant l'ascenseur jusqu'au sommet d'un gratte-ciel – une solution de judoka.

La plupart des problèmes ont une solution simple, voire banale, qui ne sollicite pas vos dons exceptionnels et n'a rien de glorieux. Il vous suffit de voir à ce que le travail se fasse puis de passer à autre chose. Personne ne s'extasie devant vos exploits, mais vous continuez d'avancer.

Pensez aux messages publicitaires durant les campagnes électorales. Un sujet chaud surgit et, dès le lendemain, les politiciens en traitent dans une publicité télévisée. La qualité de la production laisse beaucoup à désirer : on voit des photos plutôt que du film, et du texte statique en caractères ordinaires au lieu de beaux graphiques animés ; en plus, la trame sonore se résume à la voix hors champ du narrateur. Pourtant, cette publicité est efficace. Si on avait mis des semaines à la peaufiner, elle serait venue trop tard. Ici, la rapidité de la réaction comptait davantage que le vernis et même que la qualité.

Si ce que vous avez fait vous semble assez bien pour remplir sa fonction, allez-y ! Ce sera beaucoup mieux que de gaspiller des ressources ou, pire, de ne rien faire du tout parce que vous ne pouvez pas vous offrir une solution plus complexe. Et n'oubliez pas qu'avec le temps, on peut presque toujours transformer ce qui est « assez bon » en quelque chose d'excellent.

PLUS VITE VOUS FAITES, MIEUX VOUS VOUS PORTEZ !

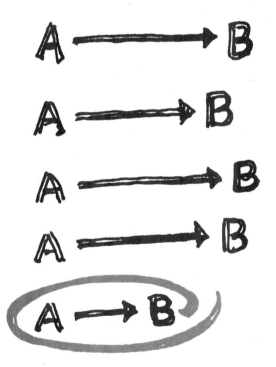

Alimentez la flamme

L'élan vous garde en mouvement, vous propulse, nourrit votre motivation. Sans élan, vous n'irez nulle part. Si ce à quoi vous travaillez ne vous emballe pas, il y a fort à parier que ce ne sera pas très bon.

Pour se donner un élan, il faut pouvoir finir une chose et entreprendre la suivante. Personne n'aime être captif d'un projet interminable. Passer des mois à travailler d'arrache-pied sans jamais avoir quelque chose à montrer est décourageant. Les efforts sans résultats apparents fatiguent et démotivent. Si vous voulez garder votre entrain et votre motivation, prenez l'habitude de vous accorder de petites victoires en cours de route. Même un léger progrès peut vous donner un bon élan.

Plus vous mettez de temps à faire une chose, moins il est probable que vous la finissiez. Finir quelque chose et l'offrir aux clients alimente la flamme. Par exemple, passer un an à planifier la carte d'un restaurant n'a rien d'exaltant; ce qui est exaltant, c'est de concevoir un menu, de servir les plats et de voir la réaction des clients. Alors ne tardez pas trop, sinon vous perdrez la flamme.

Si vous devez absolument travailler à un projet à long terme, tâchez de consacrer une journée par semaine ou par deux semaines aux petites victoires qui entretiennent la ferveur. Les petits succès vous permettent d'annoncer et de célébrer de bonnes nouvelles. Et c'est ce qu'il vous faut: une série de bonnes nouvelles. Avec une bonne nouvelle deux à quatre fois par mois, vous stimulez votre équipe et donnez à vos clients une raison de se réjouir.

Demandez-vous ce que vous pouvez faire en deux semaines, faites-le et lancez-le! Laissez les clients s'en servir. Plus vite ce sera entre leurs mains, mieux vous vous porterez.

Ne jouez pas au héros

Ne jouez pas au héros

Souvent, il vaut mieux être un lâcheur qu'un héros. Par exemple, on pense pouvoir s'acquitter d'une tâche en deux heures mais quatre heures plus tard, on n'a fait que le quart du travail. Le cas échéant, on a tendance à se dire qu'on ne peut pas laisser tomber, puisqu'on y a déjà passé deux heures. Alors on se met en mode héros : décidé à en venir à bout coûte que coûte (et un peu embarrassé que ce ne soit pas déjà fait), on se drape dans sa cape et on se coupe du reste du monde.

Parfois, ce genre d'effort surhumain fonctionne, mais le jeu en vaut-il la chandelle ? Probablement pas. La tâche méritait d'être faite si elle coûtait 2 heures, comme prévu, pas 16. En 16 heures, on aurait pu accomplir un tas d'autres choses. De plus, en agissant ainsi, on se prive de toute rétroaction et on risque de s'engager encore plus loin dans la mauvaise direction. Même les héros ont parfois besoin de quelqu'un qui leur donne l'heure juste.

À 37signals, nous avons déjà eu ce type de problème et nous avons pris une décision : dès que l'un de nous est accaparé par une tâche pendant plus de deux semaines, il doit faire appel à d'autres. Peut-être ne pourront-ils pas y travailler, mais ils pourront au moins y jeter un coup d'œil et donner leur avis. Parfois, la solution crève les yeux, mais on ne la voit pas parce qu'on a le nez collé sur le problème.

Et cette solution qui crève les yeux peut être de laisser tomber. Les gens associent automatiquement l'abandon à l'échec, mais il arrive qu'abandonner soit exactement ce qu'il faut faire. Si vous avez déjà passé trop de temps sur quelque chose qui n'en vaut pas la peine, vous ne retrouverez pas le temps perdu, et il serait absurde d'en perdre encore plus.

Au dodo !

Vous priver de sommeil est une mauvaise idée. Bien sûr, cela vous donnera quelques heures de plus dans l'immédiat, mais vous les paierez au centuple. Votre créativité en souffrira, de même que votre moral et votre attitude. Vous pouvez passer une nuit blanche de temps à autre si vous en comprenez bien les conséquences, mais n'en faites pas une habitude, car les coûts commenceront à monter et se traduisent ainsi :

- ► **L'entêtement.** Lorsqu'on est vraiment fatigué, il devient plus facile de suivre n'importe quelle ornière que de s'interroger sur le meilleur chemin à prendre. La ligne d'arrivée est un mirage, et on finit par errer dans le désert pendant des heures.

- ► **La perte de créativité.** La créativité est une des premières capacités à disparaître avec le manque de sommeil. Les gens 10 fois plus efficaces que les autres ne travaillent pas 10 fois plus ; ils utilisent plutôt leur créativité pour trouver des solutions qui demandent 10 fois moins de travail. Lorsqu'on se prive de sommeil, on cesse de trouver ce genre de solutions.

- ► **La perte d'entrain.** Lorsque le cerveau n'est pas à pleine capacité, il a tendance à se replier sur des tâches moins exigeantes – lire un autre article sur un détail sans importance, par exemple. Quand on manque de sommeil, on n'a pas le courage de s'attaquer aux gros problèmes.

- ► **L'irritabilité.** La patience et la tolérance ne font pas bon ménage avec la privation de sommeil. Quand quelqu'un se comporte comme un imbécile, il y a fort à parier qu'il n'a pas assez dormi.

Ce ne sont là que quelques-uns des coûts du manque de sommeil. Pourtant, certaines personnes en tirent une sorte de fierté masochiste et vont jusqu'à se vanter d'être épuisées. Ne vous laissez pas impressionner. Elles en payeront le prix tôt ou tard.

Fractionnez vos grands projets

Nous sommes tous de très piètres estimateurs. Tous, nous pensons pouvoir deviner combien de temps ceci ou cela prendra alors que nous n'en avons aucune idée. Nous imaginons toujours le scénario où tout va comme sur des roulettes, celui où absolument rien ne nous retarde, bref, celui qui n'a rien à voir avec la réalité.

Voilà pourquoi les estimations qui s'étendent sur des semaines, des mois ou des années sont hautement fantaisistes. La vérité est que vous ne pouvez pas savoir ce qui se passera aussi longtemps à l'avance. Combien de fois vous êtes-vous dit qu'une course à l'épicerie ne prendrait que quelques minutes pour finir par constater qu'elle a nécessité une heure ? Vous souvenez-vous de la dernière fois où vous avez mis une journée entière à nettoyer le grenier au lieu des deux ou trois heures prévues ? Parfois, c'est le contraire : vous pensez que râteler le terrain exigera 4 heures, et 35 minutes plus tard, vous avez terminé. Nous, les humains, n'avons vraiment aucun talent pour les estimations.

Même pour les tâches les plus simples, la réalité divise ou multiplie souvent par deux le temps estimé. Si nos estimations sont imprécises pour des tâches de quelques minutes ou de quelques heures, comment pouvons-nous prétendre estimer la durée d'un projet de « six mois » ? D'autant plus que nous ne nous trompons pas légèrement, mais de beaucoup. À tel point que dans les faits, ce projet de « six mois » risque de durer non pas sept mois, mais un an !

Voilà pourquoi le Big Dig[20] de Boston a été terminé avec cinq ans de retard et plusieurs milliards de dollars de dépassement, et l'aéroport international de Denver, avec deux ans et quatre mois de retard et deux milliards de dollars de dépassement.

La solution ? Diviser le grand projet en tâches et en sous-tâches. Plus la tâche est petite, moins sa durée est difficile à estimer. Vous vous tromperez encore, mais moins que si vous essayez d'estimer le projet dans son ensemble. Si une tâche prend deux fois plus de temps que prévu, il est moins dommageable qu'il s'agisse d'un petit projet avec deux semaines de retard que d'un projet plus ambitieux avec deux mois de retard. Divisez le temps en périodes plus courtes. Fractionnez votre projet de 12 semaines en 12 projets d'une semaine. Au lieu de jouer aux devinettes en estimant qu'une tâche prendra 30 heures ou plus, divisez-la en sous-tâches plus réalistes de 6 à 10 heures, et procédez étape par étape.

Gare aux listes interminables

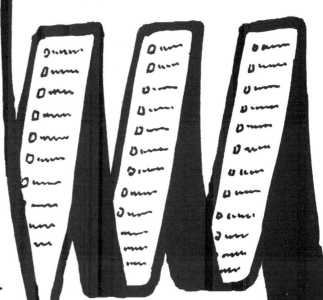

Les listes interminables ne sont jamais terminées

Raccourcissez vos listes de tâches. Les listes à n'en plus finir tombent dans l'oubli. Vous souvenez-vous de la dernière fois où vous êtes venu à bout d'une longue liste de tâches ? Peut-être en avez-vous terminé quelques-unes, mais vous avez probablement renoncé à vous acquitter des autres (quitte à les cocher même si elles n'étaient pas faites dans les règles de l'art).

Les listes sans fin engendrent de la culpabilité. Plus la liste de ce qui est en suspens est longue, plus vous vous en voulez. Vient le moment où vous arrêtez carrément de la regarder parce qu'elle vous met trop mal à l'aise. Ensuite, vous stressez, et le tout finit par un énorme gâchis.

Il existe une meilleure solution : divisez votre longue liste en une série de petites listes. Si votre longue liste comporte 100 éléments, faites-en 10 listes de 10 éléments. Ainsi, chaque fois que vous cocherez une tâche, vous aurez accompli 10 % des tâches listées plutôt que 1 %. Bien sûr, il vous restera toujours autant de travail à faire, mais vous pourrez en tirer satisfaction et motivation, ce qui est nettement mieux que de déprimer devant une liste longue comme le bras.

Autant que possible, divisez les problèmes en éléments de plus en plus petits jusqu'à ce que vous puissiez les traiter en entier et rapidement. Le simple fait d'organiser vos tâches ainsi peut avoir un formidable effet sur votre productivité et votre état d'esprit.

Dernière suggestion : ne classez pas vos priorités avec des numéros ou des étiquettes. Quand on utilise « priorité numéro un, numéro deux, numéro trois, etc. » ou « haute priorité, basse priorité », on se retrouve presque toujours avec des tonnes de tâches hautement prioritaires, ce qui ne donne strictement rien.

Il est plus efficace d'établir vos priorités visuellement : placez en haut de la liste la tâche la plus importante. Cela fait, trouvez la deuxième, puis la troisième, etc. Ainsi, vous n'aurez qu'une tâche importante à faire à la fois, et c'est bien assez.

Prenez des

grandes petites

décisions

Prenez de petites décisions

Les grandes décisions sont difficiles à prendre et difficiles à modifier. Une fois qu'elles sont prises, on a tendance à les trouver bonnes, même à tort.

Lorsque l'ego et la fierté entrent en ligne de compte, on se dit qu'on ne peut plus revenir en arrière sans perdre des plumes. Sauver la face devient plus important que de faire pour le mieux. À cela s'ajoute la force d'inertie : plus on met d'énergie à aller dans une direction, plus il est difficile de changer de cap.

Il est préférable de prendre des décisions mineures, qui restent temporaires. En prenant de petites décisions, on ne peut pas commettre de grosses erreurs et, au besoin, on peut facilement changer d'idée ou de direction. On n'y perd pas grand-chose, puisqu'on ne fait que corriger le tir.

Prendre de petites décisions ne signifie pas qu'il faut renoncer aux grandes idées et aux projets d'envergure. Cela veut seulement dire que vous croyez que prendre de petites décisions est le meilleur moyen d'arriver à mener à bien ces grandes idées et ces projets d'envergure.

L'explorateur polaire et athlète d'endurance (31 marathons de suite) Ben Saunders raconte que, lors de son expédition en solitaire dans le Grand Nord (72 jours), la « grande décision » était souvent si décourageante et terrifiante à envisager que ses décisions allaient rarement plus loin que « me rendre à ce bloc de glace à quelques mètres devant moi ».

Les objectifs atteignables comme celui-là – ceux qu'on peut réaliser et dont on peut tirer parti – sont les plus motivants. On se dit : « En voilà un d'atteint », et on passe au suivant, ce qui est nettement plus satisfaisant qu'un objectif chimérique qu'on n'atteint jamais.

Chapitre 6

Les concurrents

Évitez les pâles copies

Copier peut parfois faire partie du processus d'apprentissage, lorsqu'un étudiant en beaux-arts reproduit les œuvres de grands peintres ou qu'un apprenti batteur répète le solo de John Bonham dans *Moby Dick* de Led Zeppelin, par exemple. Cette sorte d'imitation permet à un élève d'acquérir de la technique.

Dans le monde des affaires, peut-être parce que nous vivons à l'ère du copier-coller, l'imitation est habituellement plus vile. Quand on peut voler instantanément les mots, les images ou le NIP d'autrui, il est tentant d'essayer de monter une entreprise en copiant celle d'autrui.

Cette recette facile est vouée à l'échec. Le hic avec cette sorte d'imitation est qu'elle fait l'économie de la compréhension. Pour atteindre la maturité, il faut saisir pourquoi chaque chose marche comme elle marche ou est comme elle est. Or, cela vous échappe si vous vous contentez de copier-coller. Vous ne faites que reproduire la couche de surface sans comprendre toutes celles qu'il y a dessous.

Une bonne partie du travail d'un créateur reste invisible. Le copieur ignore donc pourquoi les choses ont cette apparence, produisent l'effet qu'elles produisent ou se lisent comme elles se lisent. La copie s'apparente à un faux fini : elle ne donne aucune substance, aucune profondeur, aucun éclairage, rien sur quoi fonder les décisions à venir.

De plus, le copieur ne peut jamais rester à jour. Il ne peut jamais prendre l'initiative et il est condamné à suivre passivement. Il met au monde quelque chose qui est déjà en retard sur son temps – une pâle imitation, un ersatz, une version édulcorée de l'original. Ce n'est pas une vie.

Comment savez-vous que vous êtes en train de copier ? Très simple : si quelqu'un d'autre a déjà fait le gros du travail, vous êtes en train de le copier.

Laissez-vous influencer et inspirer, mais ne volez pas les idées des autres.

Personnalisez votre produit

Si vous avez du succès, les gens tenteront de vous copier. C'est la vie. Il existe pourtant une manière géniale de vous protéger contre les copieurs : amalgamez-vous dans votre produit, intégrez-y ce que votre façon de penser a d'unique. Débanalisez-le. Faites-en un bien ou un service que personne d'autre que vous ne peut offrir.

► Prenez l'exemple du détaillant de chaussures en ligne Zappos.com. Les chaussures de Zappos sont les mêmes que celles de n'importe quel autre détaillant, mais Zappos se démarque en intégrant à ses produits l'obsession du service à la clientèle qui caractérise son PDG, Tony Hsieh. Chez Zappos, les employés du service à la clientèle n'utilisent pas de phrases toutes faites et ils peuvent parler aux clients aussi longtemps que nécessaire. Le centre d'appels est situé au même endroit que le siège social de l'entreprise, et non à l'autre bout du monde. Et tous les employés de Zappos, même ceux qui ne travaillent pas au service à la clientèle, commencent par passer quatre semaines à répondre au téléphone et à travailler dans l'entrepôt. Le service à la clientèle exceptionnel de Zappos lui a permis de se démarquer de tous les autres détaillants de chaussures[21].

► Polyface, une ferme écoresponsable de l'État de Virginie, en donne un autre exemple. Son propriétaire, Joel Salatin, dirige son entreprise selon ses principes et ses valeurs. La ferme Polyface vend l'idée qu'elle fait ce que les géants de l'agroalimentaire ne peuvent pas faire : même si cette façon de procéder coûte plus cher, Polyface nourrit ses vaches avec de l'herbe plutôt qu'avec du maïs et ne leur donne jamais d'antibiotiques ; elle n'expédie jamais de nourriture hors de la région ; n'importe qui peut visiter la ferme n'importe quand, et on lui permet de se promener partout (essayez cela chez un producteur de viande typique !). Polyface ne vend pas que des poulets, elle vend sa philosophie, et c'est pour cela que ses clients l'adorent. Certains parcourent régulièrement 250 kilomètres pour s'y procurer de la viande biologique et écoresponsable[22].

Mettez une part de vous dans votre produit et dans tout ce qui l'entoure – votre façon de le vendre, de le publiciser, de l'expliquer et de le livrer. Vos concurrents ne pourront jamais copier ce qu'il y a de vous dans votre produit.

Cherchez la bagarre

Si vous trouvez qu'un concurrent est nul, dites-le. D'autres gens qui en pensent autant se rallieront à vous. Être anti-Untel est une excellente façon de vous démarquer et de vous attirer des fidèles.

► Par exemple, Dunkin' Donuts aime se positionner comme l'anti-Starbucks. Une de ses campagnes de pub états-uniennes se moque des termes «fritaliens» (français et italiens) qu'utilise Starbucks, et une autre mise sur un test de goût où son café a battu celui de Starbucks. Il existe même un site – DunkinBeatStarbucks.com – où les visiteurs peuvent envoyer des cartes virtuelles avec ce message: «Les amis ne laissent pas leurs amis boire du Starbucks.»

► Audi, qui s'est attaquée à la vieille garde des constructeurs d'automobiles, en est un autre exemple. Audi a donné un coup de semonce aux «anciennes marques de luxe» comme Rolls-Royce et Mercedes dans une campagne de pub qui présente l'Audi comme la voiture de luxe d'aujourd'hui. Elle a aussi raillé le système de stationnement automatique de Lexus dans une pub soulignant que les propriétaires d'une Audi sont capables de garer eux-mêmes leur automobile. Une autre de ses publicités compare les propriétaires d'une BMW et d'une Audi: le premier se sert du rétroviseur pour arranger sa coiffure; le second, pour surveiller la route derrière lui.

► Apple s'en prend à Microsoft en comparant les utilisateurs d'un Mac et d'un PC, 7UP a littéralement fait sa marque dans le monde anglophone en se surnommant le «Uncola», et Under Armour se positionne comme «le Nike de la nouvelle génération».

Tous ces exemples montrent la puissance et la direction qu'on gagne en visant une cible bien précise. Vous, sur qui voulez-vous tirer? Vous pouvez même vous dresser contre une industrie entière.

► Dyson a lancé son Dyson Airblade en proclamant que l'industrie des sèche-mains n'avait rien fait de bon jusque-là, et que son sèche-mains était le plus rapide et le plus hygiénique de tous.

► I Can't Believe It's Not Butter a été jusqu'à désigner son ennemi dans son propre nom.

Avoir un ennemi donne une bonne histoire à raconter aux clients. Prendre position vous fait toujours sortir du lot. Les gens alimentent le conflit en choisissant leur camp. Vos arguments soulèvent les passions, et c'est une excellente façon de vous faire remarquer.

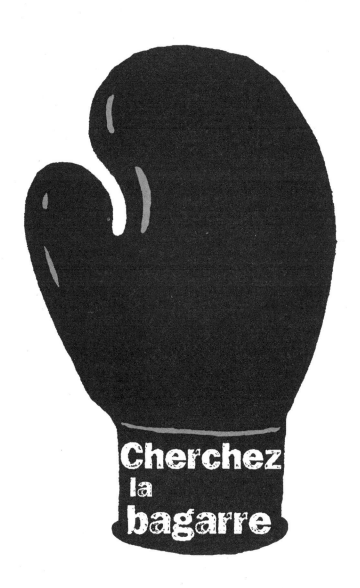

Faites-en moins

que vos
concurrents

Faites-en moins que vos concurrents

La sagesse populaire veut que, pour surpasser vos concurrents, vous en fassiez plus qu'eux. Si leurs produits ont 4 fonctionnalités, le vôtre devrait en avoir 5 (ou 15, ou 25); s'ils dépensent 20 000 $, vous devriez en dépenser 30 000 $, et s'ils ont 50 employés, vos devriez en avoir 100.

Cette mentalité de guerre froide ne mène nulle part. Si vous vous engagez dans une course aux armements, vous vous condamnez à des batailles sans fin qui vous coûteront très cher en argent, en temps et en énergie. De plus, vous vous obligez à rester constamment sur la défensive. Or, les entreprises sur la défensive ne peuvent pas regarder devant elles pendant qu'elles surveillent leurs arrières. Elles ne sont pas à l'avant-garde mais à la remorque.

Alors, comment surpasser les concurrents? Faites-en moins qu'eux! Réglez les problèmes simples et laissez-leur les gros problèmes. Plutôt que de renchérir, épurez. Au lieu d'en donner plus, donnez-en moins.

► L'exemple de la bicyclette illustre bien ce principe. Pendant des années, les grands fabricants se sont concentrés sur l'équipement high-tech en produisant des vélos de montagne avec suspension et freins à disque ultrapuissants, ou des vélos de route à cadre ultraléger en titane et carbone. On tenait alors pour acquis que les vélos devaient avoir plusieurs vitesses – 3, 10 ou 21. Or, depuis quelque temps, la popularité des bicyclettes à pignon fixe grimpe en flèche. Foncièrement rudimentaires, ces vélos n'ont qu'une vitesse, et certains modèles n'ont pas de frein. Leur avantage? Ils sont plus simples, moins chers et plus faciles d'entretien.

► Autre bon exemple d'un produit qui a réussi en offrant moins que ses concurrents: Flip, une caméra vidéo de poche automatique et ultrasimple qui a conquis une importante part de marché en un rien de temps. Voici la liste de tout ce que la Flip n'a pas:
   ✓ pas de grand écran (et l'écran ne se tourne pas pour se filmer soi-même);
   ✓ pas de fonction photo;

- ✔ pas de cassettes ni de disque (il faut transférer ses vidéos sur son ordinateur) ;
- ✔ pas de menus ;
- ✔ pas de réglages ;
- ✔ pas de torche vidéo ;
- ✔ pas de viseur ;
- ✔ pas d'effets spéciaux ;
- ✔ pas de prise pour les écouteurs ;
- ✔ pas de protège-objectif ;
- ✔ pas de carte mémoire ;
- ✔ pas de zoom optique.

La Flip a séduit ses adeptes parce qu'elle n'est conçue que pour quelques tâches simples et qu'elle les fait bien. Facile et amusante à utiliser, elle va là où une caméra plus grosse n'irait jamais et plaît à des utilisateurs qui ne se serviraient jamais d'un caméscope plus sophistiqué.

Votre produit ou votre service ne fait pas tout ce que font ceux des concurrents ? N'en ayez pas honte ; au contraire, dites-le haut et fort. Soyez-en fier et vendez sa simplicité avec autant d'enthousiasme que vos concurrents vendent leur interminable liste de fonctionnalités.

Concentrez-vous sur **vous-même**

plutôt que sur **eux**

À quoi bon se soucier de ses concurrents ?

Finalement, mieux vaut ne pas trop se préoccuper des concurrents. Pourquoi ? Parce que cela tourne vite à l'obsession : Que mijotent-ils ? Que feront-ils ensuite ? Comment réagir ? On analyse et on dissèque le moindre petit changement. Cet état d'esprit néfaste engendre beaucoup de stress et d'anxiété, et tue la créativïté dans l'œuf.

Cet exercice ne sert à rien, de toute façon. Le paysage concurrentiel change constamment, et votre concurrent d'aujourd'hui peut être tout autre que celui de demain. Vous n'y pouvez absolument rien. À quoi bon s'inquiéter pour ce sur quoi on n'a aucune prise ?

Concentrez-vous plutôt sur votre entreprise. Ce qui se passe chez vous est de loin plus important que ce qui se passe ailleurs. Le temps que vous perdez à vous inquiéter de la concurrence est du temps que vous ne mettez pas à vous améliorer. Si vous focalisez votre attention sur vos concurrents, vous finirez par brouiller votre propre vision. Dès que vous vous nourrissez des idées d'autrui, vos chances de sortir quelque chose de nouveau s'envolent. Vous ne faites que réagir plutôt que de devenir un visionnaire, et vous en venez à offrir le produit du concurrent avec un emballage légèrement différent.

Si vous cherchez à concevoir « le produit qui délogera l'iPod » ou « le prochain Pokémon », vous êtes déjà mort. Vous permettez à vos concurrents d'établir les paramètres de votre produit. Vous ne délogerez pas Apple en faisant du Apple. Sur le terrain d'Apple, c'est Apple qui fixe les règles du jeu, et vous ne battrez jamais celui qui fait les règles. Vous devez redéfinir ces règles et non pas concevoir quelque chose de légèrement mieux.

Ne vous demandez pas si vous êtes en train de « battre » Apple ou n'importe quelle grosse pointure de votre industrie. C'est une fausse question. Il ne s'agit pas de gagner ou de perdre. Leurs profits et leurs coûts sont les leurs ; les vôtres sont les vôtres. À quoi bon faire la même chose que tout le monde ? Si vous imitez vos concurrents à quelques détails près, vous n'avez aucune raison d'être. Quitte à perdre, autant que ce soit en vous battant pour ce en quoi vous croyez plutôt qu'en imitant les autres.

Chapitre 7

L'évolution

Habituez-vous à dire non

Si j'avais écouté les clients, je leur aurais donné un cheval plus rapide.
— HENRY FORD

Il est si facile de dire oui. Oui à une fonctionnalité de plus, oui à une échéance trop optimiste, oui à un design médiocre... Très vite, les choses auxquelles vous avez dit oui s'accumulent au point où vous ne voyez même plus celles que vous devriez réellement être en train de faire. Prenez l'habitude de renoncer, y compris à plusieurs de vos meilleures idées. Utilisez la puissance du non pour respecter vos priorités. Vous regretterez rarement d'avoir dit non, alors que vous vous mordrez souvent les doigts d'avoir dit oui.

On évite de dire non parce qu'on redoute les conflits, mais dire oui a des conséquences bien pires. On laisse traîner les choses, tout devient compliqué, et on travaille à des idées auxquelles on ne croit pas.

Le principe est le même que dans une relation : rompre n'est pas facile, mais poursuivre une relation uniquement parce qu'on n'a pas le courage d'y mettre fin est encore pire. Il est préférable de vivre une confrontation désagréable mais brève que de ruminer vos regrets pendant des années.

Oubliez le vieil adage selon lequel « le client a toujours raison ». Si vous êtes chef et que plusieurs de vos clients trouvent vos plats trop salés ou trop piquants, vous y remédierez. Par contre, si deux ou trois chipoteurs vous enjoignent d'ajouter des bananes à vos lasagnes, vous les enverrez paître avec raison. Gâcher le produit que consomment tous les clients pour en satisfaire deux ou trois serait absurde.

► C'est en disant non qu'ING Direct a mis sur pied la banque qui affiche la croissance la plus rapide en Amérique du Nord. Quand les clients demandent une carte de crédit, la réponse est non. Quand ils veulent du courtage en ligne, la réponse est non. Quand ils souhaitent ouvrir un compte avec un dépôt de un million de dollars, la réponse est non (la banque fixe un dépôt maximal).

Parce qu'elle veut que les choses restent simples, la banque ING Direct n'offre que quelques comptes d'épargne, certificats de dépôt et fonds communs de placement, et c'est tout.

Il est inutile d'être grossier lorsque vous dites non ; soyez seulement honnête. Si vous ne voulez pas acquiescer à la demande d'un client, expliquez-lui poliment pourquoi. Les gens se montreront étonnamment compréhensifs si vous prenez le temps de leur expliquer votre point de vue. Peut-être même les convertirez-vous à votre façon de voir les choses. Dans le cas contraire, et si vous pensez qu'ils y trouveront ce qu'ils cherchent, recommandez-leur un concurrent. Mieux vaut des gens satisfaits d'un produit concurrent que des gens mécontents du vôtre.

Votre objectif est de vous assurer que votre produit continue à vous convenir. Vous devez être la personne qui y croit le plus. Vous pourrez alors dire : « Je pense que vous l'aimerez parce que je l'adore. »

Laissez
vos clients
vous
dépasser

Laissez vos clients être infidèles

Peut-être connaissez-vous le scénario suivant : un client donne beaucoup d'argent à une entreprise, et celle-ci essaie de le satisfaire de toutes les manières possibles ; à la demande de ce client, elle « améliore » et modifie son produit à tel point qu'elle commence à s'aliéner le reste de sa clientèle ; puis, un jour, ce gros client part, et l'entreprise reste avec un produit idéal pour un client qui n'est plus là, mais mal adapté aux besoins des autres.

Si vous voulez satisfaire vos clients actuels contre vents et marées, vous finirez par éloigner les clients potentiels. Votre produit ou votre service deviendra à ce point taillé sur mesure pour votre vieille clientèle qu'il ne pourra plus en attirer une nouvelle. Et votre entreprise se mettra à dépérir.

Une fois notre premier produit sur le marché depuis un certain temps, nous nous sommes mis à recevoir des demandes de clients qui nous suivaient depuis le début. Leurs besoins commençaient à dépasser les possibilités de l'application, disaient-ils. Leurs entreprises changeaient, et ils nous demandaient de modifier Basecamp en fonction de leur nouvelle complexité et de leurs nouveaux besoins. Nous avons dit non. Nous préférons que des clients abandonnent nos produits plutôt que de priver d'autres clients d'utiliser nos produits. L'ajout de fonctionnalités avancées pour satisfaire des clients expérimentés risquerait d'intimider les novices qui n'utilisent pas encore nos produits. Or, faire fuir les nouveaux clients est pire que d'en perdre de vieux.

Si vous laissez vos clients vous dépasser, votre produit restera probablement un produit de base, ce qui est excellent. Les besoins simples et élémentaires sont constants. Un produit de base trouvera toujours des clients, et il y aura toujours plus de gens qui n'utilisent pas votre produit que de gens qui l'utilisent. Rendez-leur votre produit facile d'accès. C'est d'eux que dépend votre potentiel de croissance à long terme.

Les gens et les situations changent. Vous ne pouvez pas être tout pour tout le monde. Les entreprises doivent rester fidèles à un type de clients plutôt qu'à un client en particulier avec des besoins changeants.

Révolutionnaire !
Nouveau ! Inédit !
Incroyable ! Plus rapide !

Ne confondez pas **enthousiasme** et **priorité.**

Utile

Laissez mûrir vos bonnes idées

Avoir une bonne idée fait monter l'adrénaline. On se met à imaginer toutes ses possibilités et tous ses avantages et, naturellement, on veut tout cela tout de suite. Alors on laisse tomber le reste pour travailler sur la toute dernière « meilleure idée ».

Mauvaise décision. L'enthousiasme qu'inspire une nouvelle idée n'est pas un indicateur fiable de sa valeur réelle. Souvent, l'idée qui semble géniale sur le coup est seulement « intéressante » le lendemain. Et on ne met pas tout le reste de côté pour une idée intéressante.

À 37signals, nous avons continuellement des idées de nouvelles fonctionnalités, et nos clients nous en donnent des dizaines tous les jours. Pousser chacune d'entre elles pour voir où elle nous mène serait sûrement amusant, mais si nous le faisions, nous tournerions constamment en rond et n'irions jamais nulle part.

Prenez le temps de laisser dormir vos bonnes idées. Faites en sorte d'en avoir autant que possible et enthousiasmez-vous pour elles, mais n'agissez pas dans l'excitation du moment. Notez-les et n'y pensez plus pendant quelques jours, puis réévaluez calmement leur niveau de priorité.

Bon à la maison

Créez du « bon à la maison »

Vous savez ce que c'est : on va au magasin, on compare quelques produits et on choisit celui qui semble le meilleur, c'est-à-dire celui qui a le plus de fonctionnalités, qui est le plus *cool*, qui a le plus bel emballage, dont l'argumentaire sur la boîte est le plus convaincant. Cependant, une fois à la maison, ce produit qui semblait parfait à tous points de vue ne tient pas ses promesses : il n'est pas aussi facile à utiliser qu'on le pensait, il a trop de fonctionnalités dont on ne se servira jamais et, finalement, on a l'impression de s'être fait avoir. On n'a pas ce dont on avait besoin et on constate qu'on a trop dépensé. On vient d'acheter un produit « bon au magasin », c'est-à-dire un produit qu'on aime beaucoup plus au magasin que lorsqu'on l'utilise à la maison.

Les entreprises avisées offrent le contraire : un produit « bon à la maison ». Une fois chez soi, il impressionne davantage qu'au magasin. Et plus on vit avec, plus on l'aime. Alors on le dit à ses amis.

Lorsque vous créez un produit « bon à la maison », vous sacrifiez peut-être un peu d'éclat en magasin. Un produit qui remplit parfaitement ses fonctions premières ne sera peut-être pas aussi séduisant que ses concurrents qui comportent tous les accessoires possibles et imaginables ; de loin, exceller en certaines choses n'a souvent rien de spectaculaire.

Peu vous importe, puisque vous cherchez une relation à long terme et non une aventure sans lendemain. Ce principe s'applique aussi bien à la publicité qu'à l'emballage ou à la présentation en magasin. Nous avons tous vu à la télévision des publicités de gadgets supposément révolutionnaires et censés changer notre vie, mais le produit qui arrive par la poste se révèle presque toujours décevant. « Bon à la télé » est beaucoup moins important que « bon à la maison ». Une bonne publicité ou un bon marketing ne rachète pas une mauvaise expérience.

Inutile de prendre des notes

Comment noter et classer toutes les demandes des clients? En fait, il est inutile de les prendre en note. Écoutez-les et oubliez-les. Sérieusement! Les demandes des clients ne nécessitent ni tableur, ni base de données, ni système d'archivage parce que celles qui importent vraiment reviendront encore et encore. Après un certain temps, vous ne pourrez plus les oublier. Vos clients seront votre mémoire et vous les rappelleront continuellement. Ils vous indiqueront ce dont vous devez réellement vous occuper. Si une demande vous sort constamment de la tête, c'est qu'elle n'est pas très importante. Ce qui compte vraiment ne s'oublie pas.

Chapitre 8

La publicité et le marketing

Vive
l'obscurité !

Profitez de l'obscurité

En ce moment, personne ne sait qui vous êtes, et c'est tant mieux. L'obscurité vous donne un avantage – tirez-en parti. Profitez-en pour commettre des erreurs sans que le monde entier l'apprenne. Améliorez votre produit ou votre service. Aplanissez les obstacles. Essayez des idées neuves et explorez de nouvelles voies. Qu'importe si vous vous trompez, puisque personne ne vous connaît.

L'obscurité ménage l'ego et préserve la confiance des gens. C'est pourquoi les détaillants réalisent leurs tests de marché sur de très petits échantillons de la population. Lorsqu'elle a voulu vendre de la pizza, des hot dogs et autres sandwichs chauds, par exemple, la chaîne Dunkin' Donuts n'a testé ses produits que dans 10 points de vente triés sur le volet. De même, avant de présenter leurs spectacles à New York, les producteurs de Broadway les rodent presque toujours dans de plus petites villes. Ainsi, les comédiens peuvent jouer à quelques reprises devant public avant d'affronter les critiques et faiseurs d'opinions à la dent dure de la métropole.

Aimeriez-vous faire quelque chose pour la première fois sous les yeux du monde entier ? Si vous deviez prononcer la première allocution de votre vie, préféreriez-vous le faire devant 10 personnes ou devant 10 000 ? Vous n'avez aucun intérêt à démarrer votre entreprise sous les feux de la rampe. Inviter tout le monde à braquer les yeux sur vous n'a aucun sens tant que vous n'êtes pas prêt à soutenir les regards.

Ne l'oubliez pas : une fois plus important et plus connu, on prend forcément moins de risques. La réussite crée des obligations de prévisibilité et de cohérence. On devient plus prudent, moins prompt à relever des défis. Les choses commencent à se figer, ce qui rend les changements beaucoup plus difficiles. Quand des millions de gens utilisent un produit, y apporter la moindre modification entraîne des conséquences beaucoup plus sérieuses. Ce qui autrefois n'aurait dérangé qu'une centaine d'utilisateurs en dérange maintenant des milliers. On peut raisonner une centaine de clients, mais il faut un équipement antiémeute pour affronter 10 000 clients furieux. Lorsque vous serez scruté à la loupe, vous vous surprendrez à regretter le bon vieux temps où l'obscurité vous protégeait encore et où vous pouviez prendre des risques sans craindre de vous mettre dans l'embarras.

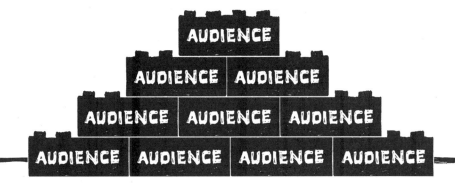

Bâtissez-vous une audience

Toutes les entreprises ont des clients, et certaines chanceuses ont des adeptes, mais seules quelques privilégiées ont une audience.

Vous bâtir une audience peut devenir votre arme secrète. De nombreuses entreprises dépensent des fortunes pour atteindre les gens : chaque fois qu'elles veulent diffuser un message, elles desserrent les cordons de leur bourse, en tirent une grosse liasse de billets et achètent de la publicité. C'est une approche coûteuse et peu fiable, que résume bien ce constat classique : « La moitié d'un budget de publicité se dépense en pure perte ; malheureusement, on ne sait jamais laquelle. »

De nos jours, les entreprises les plus avisées le savent un peu mieux. Au lieu d'aller chercher les clients, elles les attirent à elles. Composée de gens qui reviennent souvent, et d'eux-mêmes, pour voir ce qu'on a à dire, l'audience forme le groupe de clients et de clients potentiels le plus réceptif qui soit.

Au cours des 10 dernières années, Signal vs. Noise, le blogue de 37signals, a conquis une audience de plus de 100 000 lecteurs qui reviennent tous les jours voir ce que nous avons à dire. Que nous parlions de conception Web, d'affaires, des logiciels et de leur convivialité, de psychologie ou de l'industrie en général, ces habitués s'intéressent suffisamment à nos propos pour en vouloir toujours davantage. Et s'ils aiment autant ce que nous disons, ils aimeront probablement ce que nous vendons.

Combien nous aurait-il fallu débourser pour atteindre 100 000 personnes par jour, selon l'ancienne manière ? Des centaines de milliers de dollars ? Des millions ? Et comment aurions-nous fait ? En publiant des annonces ? En diffusant des publicités à la radio ? En envoyant un publipostage ?

Si vous vous créez une bonne audience, vous n'aurez pas à acheter l'attention des gens, ils vous l'accorderont gratuitement. C'est un avantage inestimable.

Commencez tout de suite à bâtir votre audience. Parlez, écrivez, bloguez, tournez des vidéos, peu importe. Diffusez de l'information pertinente qui vous gagnera peu à peu des fidèles. Ainsi, lorsque vous aurez un message à transmettre, ses destinataires seront déjà à l'écoute.

Dépensez moins
enseignez plus

Enseignez

Vous pouvez toujours acheter de la publicité, embaucher des représentants, commanditer des événements, mais vos concurrents font exactement la même chose. Comment vous démarquer? Au lieu d'essayer de les battre sur le terrain des dépenses publicitaires, des ventes ou des commandites, dépassez-les sur celui de l'enseignement, une stratégie à laquelle ils ne songent probablement même pas. La plupart des entreprises se concentrent sur la vente ou le service à la clientèle, et il ne leur vient jamais à l'idée d'enseigner quoi que ce soit. Mais il y a des exceptions.

- ► Sur son site typography.com, la société Hoefler & Frere-Jones enseigne la typographie aux graphistes.
- ► La boutique en ligne d'articles faits main Etsy.com offre aux artisans qui vendent sur son site des ateliers virtuels sur les meilleures pratiques et les stratégies promotionnelles.
- ► Propriétaire d'une immense boutique de vin, Gary Vaynerchuk donne des cours d'œnologie que des milliers d'adeptes suivent tous les matins sur son site tv.winelibrary.com.

Enseignez, et vous tisserez des liens qu'aucune stratégie traditionnelle de marketing ne vous apporterait. Acheter l'attention des gens avec un bandeau publicitaire dans un magazine ou un site Web est une chose; s'assurer leur fidélité grâce à l'enseignement en est une autre. L'enseignement établit avec les gens une relation complètement différente. Ceux-ci vous respectent davantage et vous font davantage confiance. Même s'ils n'utilisent pas votre produit, ils peuvent faire partie de vos adeptes.

Les grandes entreprises que vous essayez de concurrencer peuvent se payer une publicité télévisée durant le Super Bowl, la Coupe du monde de foot ou la finale de la Coupe Stanley, ce qui dépasse largement vos moyens. Cependant, les individus et les petites entreprises comme vous peuvent enseigner, un luxe que les grandes entreprises ne s'offriront jamais. Pourquoi? À cause de leur obsession du secret: tout ce qui en sort doit être filtré par des couches et des couches de formalités juridiques et administratives! L'enseignement vous donne donc la possibilité de les court-circuiter.

imitez

les chefs cuisiniers

Faites comme les cuisiniers réputés

Vous connaissez probablement les noms de Ferran Adrià, Giovanni Apollo, Josée di Stasio, Jamie Oliver, Martin Picard, Daniel Pinard, Patrice Demers, Ricardo et Jean Soulard, tous de grands cuisiniers. Il y a beaucoup de grands cuisiniers, alors pourquoi ces noms-là sont-ils plus connus que les autres ? Parce que ces gens partagent leur savoir en publiant leurs recettes dans des magazines ou des livres de cuisine et en enseignant leurs techniques à la télé.

En tant que propriétaire d'entreprise, vous devriez vous aussi partager vos connaissances. Cette idée fait frémir la presque totalité des gens d'affaires. En effet, la plupart d'entre eux se comportent en paranoïaques cachottiers, car ils pensent détenir des droits de propriété ou des avantages concurrentiels. Dans de rares cas, ils ont raison et doivent les protéger. Mais pour la plupart, il n'en est rien, si bien qu'il devraient partager leur savoir.

Une recette est bien plus facile à copier qu'une entreprise, alors pourquoi Martin Picard ne s'en inquiète-t-il pas ? Pourquoi produit-il des émissions de télé pour apprendre aux gens à faire ce qu'il fait ? Pourquoi publie-t-il ses recettes dans des livres de cuisine, permettant ainsi à n'importe qui de les reprendre ? Parce que Martin Picard sait que s'approprier ses techniques et ses recettes ne suffirait pas pour le battre à son propre jeu. Personne ne va ouvrir des restaurants à côté des siens et l'acculer à la faillite – les affaires ne marchent pas comme ça. C'est pourtant exactement ce que craignent bien des gens d'affaires.

Surmontez votre paranoïa et imitez les chefs célèbres : ils cuisinent, alors ils publient des livres de cuisine. Que faites-vous ? Quelles sont vos recettes ? Que mettrez-vous dans votre livre de cuisine ? Qu'avez-vous à dire sur votre façon de travailler qui serait à la fois informatif, éducatif et promotionnel ? Le livre que vous avez entre les mains est notre livre de cuisine à nous. Qu'y aura-t-il dans le vôtre ?

Montrez
l'arrière-scène

Amenez les gens dans vos coulisses

Laissez les gens entrer dans les coulisses de votre entreprise. Permettez-leur de voir comment elle fonctionne. Si quelqu'un tournait une téléréalité sur votre entreprise, que montrerait-il? N'attendez pas ce quelqu'un et montrez-le vous-même.

Vous croyez que cela n'intéressera personne? Réfléchissez. Même les emplois les plus ternes à première vue peuvent devenir fascinants quand on entre dans leurs coulisses. Qu'y a-t-il de plus ennuyeux que la pêche commerciale et le camionnage? Pourtant, Discovery Channel et History Channel ont récolté d'excellentes cotes d'écoute en présentant les émissions *Deadliest Catch* et *Ice Road Truckers,* qui portent sur ces métiers.

Votre métier n'est pas dangereux? Qu'à cela ne tienne, le public adore explorer les arcanes de toutes sortes d'entreprises, jusqu'aux plus inoffensives. La popularité de l'émission *Unwrapped* sur Food Network en témoigne éloquemment, puisque cette série dévoile les mystères de la fabrication des miniguimauves qu'on met dans les céréales, des bonbons vendus dans les cinémas, des friandises pour les lunchs, etc. Les gens veulent découvrir comment les choses se font. Ils raffolent des visites d'usines et se délectent des documentaires de tournage. Ils aiment voir comment on construit les décors, comment se font les animations, comment le réalisateur choisit les acteurs, etc. Ils veulent apprendre comment et pourquoi les autres prennent leurs décisions.

Amener les gens dans vos coulisses changera votre relation avec eux. Ils se sentiront liés à vous et se mettront à vous considérer comme des êtres humains plutôt que comme une entreprise sans visage. Ils verront la sueur et l'effort dans ce que vous vendez. Ils comprendront mieux ce que vous faites et l'apprécieront davantage.

Personne n'aime les fleurs en plastique

Un très grand nombre de gens d'affaires portent l'uniforme des « professionnels » et s'efforcent de projeter une image parfaite. Ils ne réussissent qu'à se donner un air constipé. Qui veut entrer en relation avec des gens aussi mortellement ennuyeux ?

N'ayez pas peur de montrer vos défauts. Les imperfections ont le mérite d'être vraies, et les gens aiment le vrai. Les gens préfèrent les fleurs qui se fanent aux fleurs en plastique toujours impeccables. Oubliez l'image que vous êtes censé projeter et la manière dont vous êtes censé agir. Montrez-vous tel que vous êtes, avec vos défauts et vos qualités.

L'imperfection a sa beauté. Telle est l'essence du *wabi-sabi,* le principe japonais qui valorise le caractère et l'unicité par opposition aux apparences trop lisses. Le *wabi-sabi* enseigne à apprécier la beauté de ce qui est imparfait ou incomplet. Il préconise la simplicité : d'abord, on épure l'environnement, puis on se sert de ce qu'on a. Dans son livre sur le *wabi-sabi,* Leonard Koren donne ce conseil : réduisez à l'essentiel, mais n'enlevez pas la poésie ; gardez les choses propres et épurées, mais ne les stérilisez pas[23].

Laissez de la poésie dans ce que vous faites. Quand une chose devient trop lisse, elle perd son âme. Parlez comme vous parlez vraiment. Révélez des choses dont les autres refusent de discuter. Reconnaissez vos défauts. Montrez la dernière version de ce sur quoi vous travaillez, même si elle est imparfaite. Vous semblerez peut-être un peu moins « professionnel » mais beaucoup plus vrai.

Les communiqués de presse

sont des **pourriels**

Les communiqués de presse sont des pourriels

Comment appelez-vous le baratin commercial expédié à des centaines d'inconnus dans l'espoir que l'un d'eux morde à l'hameçon ? Un pourriel, non ? Eh bien, c'est exactement ce que sont vos communiqués de presse : des argumentaires de vente envoyés à des centaines de journalistes que vous ne connaissez pas dans l'espoir que l'un d'eux écrive sur vous.

Par définition, un communiqué de presse est un message que vous envoyez pour qu'on vous remarque. Vous voulez que les journalistes découvrent votre entreprise, votre produit ou autre chose. Vous espérez qu'ils seront suffisamment emballés pour vous consacrer un article ou un reportage.

Malheureusement, les communiqués de presse sont un très mauvais moyen d'atteindre cet objectif. Truffés de clichés et de formules toutes faites, ils sont dépassés et n'ont rien d'emballant. Les journalistes en reçoivent des dizaines tous les jours ; ils croulent sous les communiqués aux titres délirants, assaisonnés de fausses citations de PDG et où tout est sensationnel, révolutionnaire, avant-gardiste et visionnaire. Ce blabla éculé les assomme, et pour cause.

Si vous voulez attirer l'attention, à quoi bon faire exactement la même chose que tout le monde ? Pourquoi recourir au sempiternel communiqué de presse ? À quoi sert d'expédier du pourriel à des journalistes dont la boîte de réception déborde déjà de ceux des autres ?

Un communiqué de presse reste nécessairement impersonnel. Vous en écrivez un seul dont vous balancez des tas d'exemplaires à des journalistes que vous ne connaissez pas et qui vous connaissent encore moins. Bref, vous vous présentez en servant à chacun d'eux la même salade insipide. Est-ce vraiment la première impression que vous voulez laisser ? Est-ce ainsi que vous mériterez un article ? Allons donc !

Essayez autre chose. Téléphonez à un journaliste ou écrivez-lui un mot personnel. Si vous lisez un article sur une entreprise similaire à la vôtre, communiquez avec son auteur et parlez-lui de vous d'une manière vivante, intéressante, passionnée. Donnez du sens à votre démarche. Faites-vous remarquer. Démarquez-vous. Rendez-vous inoubliable. Voilà comment vous obtiendrez la meilleure couverture de presse.

Préférez
les médias
de niche

aux médias
de masse

Oubliez le *Wall Street Journal*

Oubliez *Time, Forbes, Newsweek, BusinessWeek, The New York Times* et *The Wall Street Journal*. Parler aux journalistes de ces publications relève de l'exploit, alors bonne chance. Et si par miracle vous arrivez à en joindre un, vous ne l'intéresserez probablement pas. Vous n'avez ni la taille ni le poids qu'il faut.

Essayez plutôt de décrocher un article dans une publication spécialisée ou de vous faire remarquer par un blogueur influent dans le milieu. Avec un blogueur, la barre est beaucoup moins haute. Si vous lui envoyez un courriel, il pourra y répondre (et peut-être l'afficher) le jour même. Comme il n'y a ni comité de rédaction ni relationniste, votre message passera directement.

Les blogueurs cherchent toujours l'inédit. Leur succès dépend de leur capacité à sentir le vent, à dénicher des nouveautés et à lancer des pistes, à tel point que plusieurs journalistes prestigieux les suivent assidûment pour trouver de nouveaux sujets. De nos jours, un sujet qui émerge dans la marge peut donc se retrouver très vite dans les médias de masse.

Des médias grand public aussi réputés que *Wired* et *Time* ont couvert 37signals. Toutefois, nous avons constaté que nos ventes et la fréquentation de notre site augmentent davantage lorsqu'on parle de nous sur Daring Fireball, un site pour les accros de Mac, ou Lifehacker, un site consacré à la productivité. Si agréables soient-ils, les articles dans les publications les plus prestigieuses ne se traduisent pas par un surcroît d'activité aussi direct et instantané.

Imitez les vendeurs de drogue

Ce sont les vendeurs de drogue qui ont raison

Les vendeurs de drogue sont des commerçants astucieux. Connaissant l'attrait de leurs produits, ils sont prêts à en donner des échantillons. Ils savent que les consommateurs reviendront. Cette fois avec de l'argent.

Imitez les vendeurs de drogue : rendez votre produit si bon, si efficace, si addictif qu'en donner un avant-goût gratuit fera revenir les clients avec de l'argent. Vous devrez pour cela concocter un format échantillon/essai/extrait de votre produit que les gens pourront essayer sans dépenser un sou ni trop de temps.

Pâtissiers, restaurateurs et marchands de glace utilisent ce truc depuis toujours : les vendeurs d'automobiles laissent les acheteurs éventuels essayer leurs voitures, les fabricants de logiciels offrent des périodes d'essai gratuites ou des démos. Bien d'autres commerces encore pourraient tirer profit du modèle des vendeurs de drogue.

Ne craignez pas de donner un peu de votre produit ou de votre service – à condition bien entendu qu'il vous reste autre chose à vendre. Ayez confiance en ce que vous vendez. Vous devez avoir la conviction que les gens reviendront pour en acheter davantage. Sinon, le produit que vous avez créé manque de robustesse.

Tout
est
Marketing

Le marketing n'est pas un service

Votre entreprise s'est-elle dotée d'un service de marketing? Si la réponse est non, pas de problème. Si la réponse est oui, ne pensez pas pour autant que la responsabilité du marketing lui revient entièrement et à elle seule. La comptabilité est un service, mais pas le marketing. Dans une entreprise, tout le monde fait du marketing tous les jours et à longueur d'année.

De la même façon que vous ne pouvez pas ne pas communiquer, vous ne pouvez pas ne pas faire de marketing.

- ► Chaque fois que vous parlez au téléphone ou envoyez un courriel, vous faites du marketing.
- ► Chaque fois que quelqu'un se sert de votre produit, il s'agit de marketing.
- ► Tout ce que vous écrivez sur votre site Web est du marketing.
- ► Si vous concevez des logiciels, chaque message d'erreur pose un problème de marketing.
- ► Si vous êtes dans la restauration, le bonbon que vous offrez avec l'addition fait partie de votre marketing.
- ► Si vous êtes dans la vente au détail, le comptoir de la caisse est un lieu de marketing.
- ► Si vous êtes dans l'industrie des services, votre facture fait aussi partie de votre marketing.

Admettez que chacun de ces petits éléments compte bien davantage que le choix du gadget à glisser dans vos pochettes de presse. Le marketing ne se résume pas à des objets ou à des événements précis : il s'insinue dans toutes vos activités.

Le mythe du succès instantané

Vous ne connaîtrez pas une réussite immédiate. Vous ne vous enrichirez pas rapidement. Vous n'êtes pas assez exceptionnel pour que le monde entier vous accorde instantanément son attention. Personne ne s'intéresse à vous – du moins, pas encore. Faites-vous à cette idée.

Les histoires de succès instantané ne racontent qu'un chapitre de l'histoire. Fouillez un peu, et vous découvrirez des gens qui ont sué sang et eau pendant des années avant d'arriver au fameux jour où leur produit peut enfin décoller. Et dans les rares cas où le succès tombe instantanément du ciel, il ne dure généralement pas, parce qu'il ne repose pas sur des fondations assez solides pour le soutenir.

Troquez le rêve du succès instantané pour la réalité d'une croissance lente et progressive. Si difficile que ce soit, il faut vous armer de patience. Vous devrez bûcher longtemps avant que les bonnes personnes vous remarquent.

Vous pensez accélérer le processus en embauchant un relationniste dès le début? N'en faites rien. Vous auriez à débourser une fortune – les bons relationnistes peuvent coûter jusqu'à 10 000 $ par mois –, et ce serait du gaspillage. Vous êtes un pur inconnu avec un produit dont personne n'a entendu parler. Relationniste ou pas, qui voudra écrire là-dessus? Lorsque vous aurez des clients et un passé, vous aurez une histoire à raconter. En soit, un lancement n'est pas un bon sujet.

Des marques formidables naissent constamment sans campagne de relations publiques. Les marques Starbucks, Apple, Nike, Amazon, Google et Snapple se sont faites avec le temps et non parce qu'un relationniste habile a réussi à attirer les projecteurs sur elles. Commencez tout de suite à bâtir votre audience en intéressant des gens à ce que vous avez à dire. Dans quelques années, vous aussi rirez dans votre barbe quand on s'extasiera devant votre succès « instantané ».

Chapitre 9

L'embauche

Faites-le vous-même

Faites-le d'abord vous-même

N'embauchez jamais quelqu'un sans d'abord avoir essayé de faire ce travail vous-même. Ainsi, vous en comprendrez la nature et vous saurez ce que signifie bien le faire. Vous pourrez rédiger une description de tâches réaliste et poser les bonnes questions lors des entretiens d'embauche. Vous pourrez déterminer en connaissance de cause s'il vaut mieux embaucher quelqu'un à temps plein ou à temps partiel, faire appel à un sous-traitant ou continuer à faire le travail vous-même, ce qui est préférable si on le peut. Au surplus, vous serez un bien meilleur gestionnaire parce que vous superviserez du personnel dont vous avez déjà fait le travail ; vous l'évaluerez de manière plus pertinente et vous pourrez mieux le soutenir.

À 37signals, nous avons attendu, pour embaucher un administrateur de système, que l'un de nous ait passé un été entier à s'occuper de nos serveurs. Les trois premières années, l'un de nous a assuré tout le soutien à la clientèle ; ensuite, nous avons trouvé la personne idéale à qui le confier. Nous sommes allés aussi loin que possible avant de déléguer ces tâches à d'autres, et lorsque nous nous sommes décidés à embaucher, nous savions exactement qui nous cherchions et ce que nous voulions.

Parfois, vous aurez l'impression de ne pas être dans votre élément, et même de ne pas être à la hauteur. Vous pouvez réagir soit en embauchant quelqu'un, soit en apprenant le travail. Essayez d'abord la deuxième solution. Ce que vous y perdrez en temps ou en qualité d'exécution au début sera amplement compensé par la sagesse que vous acquerrez.

Si vous ne connaissez pas intimement tous les aspects de votre entreprise, vous finirez par remettre votre sort entre les mains d'autrui. Que voilà une position dangereuse !

N'embauchez que si vous y êtes forcé

N'embauchez pas pour le plaisir mais pour soulager ce qui devient insupportable. Posez-vous ces questions : Que se passera-t-il si nous n'engageons personne ? Le surplus de travail qui nous pèse est-il vraiment nécessaire ? Pourrions-nous régler le problème à l'aide d'un logiciel ou en changeant notre façon de faire ? Qu'arriverait-il si nous cessions de faire ce travail ?

De même, si vous perdez un employé, ne le remplacez pas immédiatement. Voyez combien de temps vous pouvez tenir sans cette personne et ce poste. Souvent, vous constaterez que vous avez besoin de moins de gens que vous ne le pensiez.

Lorsqu'il y a plus de travail que vous ne pouvez en abattre durant une longue période, que certaines choses restent en plan et que la qualité commence à baisser, il est temps d'embaucher quelqu'un. Pas avant.

Laissez filer des as

Laissez filer des as

Il y a des entreprises qui aiment embaucher. Certaines embauchent même quand elles n'ont aucun poste à pourvoir! Elles entendent dire que quelqu'un est un as et lui inventent un emploi ou un titre pour pouvoir l'engager. Résultat : cet as se voit confiné à un poste bidon et à un travail sans réelle importance.

Même si ce sont des as dans leur domaine, laissez passer les gens dont vous n'avez pas réellement besoin. Embaucher des ressources talentueuses sans leur confier un travail important risque de faire plus de mal que de bien à votre entreprise.

Dès qu'on embauche plus d'employés qu'il n'en faut, les problèmes commencent. On se met à inventer du travail pour occuper tout le monde. Ce travail inutile débouche sur des projets factices qui entraînent des complications et des coûts bien réels. Mieux vaut laisser passer la recrue idéale que de se retrouver avec un ou plusieurs employés qui n'accomplissent rien de très important.

Les gens talentueux abondent. Lorsque vous aurez un poste à pourvoir, vous trouverez la personne qu'il vous faut. Tant que vous n'avez besoin de personne, vous n'avez besoin de personne. Le fait que quelqu'un soit exceptionnel n'a rien à voir là-dedans.

Bonjour je m'appelle **Esther**

Bonjour je m'appelle **Jérôm**

Bonjour je m'appelle **Alex**

Bonjour je m'appelle **Mélanie**

Bonjour m'appelle **Chloé**

Bonjour je m'appelle **Carlos**

je m'appelle **K**

Bonjour je m'appelle **Benoît**

njour appelle

Bonjour je m'appell **Romai**

Comme des étrangers à un cocktail

À un cocktail où personne ne se connaît, la conversation languit ou reste guindée et ennuyeuse ; on parle du temps qu'il fait, de sport ou de télé, on fuit les sujets sérieux et les opinions qui prêtent à controverse. Un repas intime entre vieux amis prend une tout autre allure ; on s'y livre à des conversations passionnantes et à de chauds débats ; à la fin de la soirée, on en sort enrichi.

Embauchez beaucoup d'employés en peu de temps, et votre entreprise ressemblera à un cocktail réunissant des étrangers. Avec tant de nouveaux visages dans les parages, tout le monde reste poli et s'efforce d'éviter conflits et drames. Personne ne dit jamais : « C'est une mauvaise idée. » On cherche les conversations calmes plutôt que le choc des idées.

Paradoxalement, ce calme attire des ennuis aux entreprises. Dans une entreprise, les gens doivent pouvoir discuter ferme et se dire l'un l'autre qu'ils se trompent ou qu'ils déraillent. Sinon, on se met à travailler à un produit qui ne choquera personne… mais dont personne ne tombera amoureux.

Vous devez créer un environnement de travail où tout le monde se sent assez en confiance pour parler franchement quand les choses se corsent. Il est important que vous sachiez jusqu'où vous pouvez aller avec chacun. Savoir ce que les gens veulent réellement dire lorsqu'ils parlent est primordial.

Embauchez votre personnel très lentement. C'est la seule façon de ne pas vous retrouver avec des employés qui se comportent comme des étrangers à un cocktail.

Les CV sont ridicules

Ce n'est un secret pour personne : les CV racontent des blagues. Truffés d'exagérations et de verbes d'action qui ne riment à rien, ils énumèrent des listes de titres et de responsabilités qui, au mieux, ressemblent vaguement à la réalité. Sans compter que la plupart du temps, l'essentiel de leur contenu est invérifiable. Une vraie farce.

Rien n'est plus facile que de se forger un CV convenable. C'est pourquoi les candidats foireux les aiment tant. Ils peuvent en expédier des centaines à la fois à des employeurs éventuels – une autre forme de pourriels. Ces gens ne cherchent pas à décrocher votre emploi, mais n'importe quel emploi.

Le simple fait qu'un candidat fasse parvenir son CV à une foule d'entreprises devrait sonner l'alarme. De toute évidence, cette personne ne s'intéresse pas à vous, à votre entreprise ou à votre produit en particulier, et n'a aucune idée de ce qui les distingue des autres. Si vous l'engagez quand même, c'est que vous ne saisissez pas les enjeux de l'embauche.

Vous devez chercher quelqu'un de précis qui s'intéresse précisément à votre entreprise, à vos produits, à vos clients et à votre offre d'emploi. Comment dénicher ce genre de candidats ? Premièrement, lisez leur lettre de présentation ; vous y trouverez une tentative de communication plutôt qu'une énumération de compétences, de titres d'emplois, de verbes d'action et d'années d'expérience. Une lettre de présentation en dit donc beaucoup plus long qu'un CV, car aucun candidat ne peut pondre des centaines de lettres de présentation personnalisées. Vous y entendrez la voix de quelqu'un ; son ton vous indiquera si elle vous convient, à vous et à votre entreprise.

Fiez-vous à votre instinct. Si le premier paragraphe vous déplaît, le deuxième devra être d'autant meilleur. Si rien ne vous accroche dans les trois premiers, il est peu probable que vous soyez faits l'un pour l'autre. Par contre, si quelque chose vous dit qu'une personne pourrait être la bonne, passez à l'étape de l'entrevue.

Que signifie avoir

5

ans

d'expérience
de toute façon ?

Peu importent les années d'expérience

Beaucoup d'offres d'emploi exigent «au moins cinq ans d'expérience», mais cette exigence ne signifie pas grand-chose.

Rien de plus normal que de demander un minimum d'expérience lors de l'embauche. Vouloir des candidats qui ont six mois ou un an d'expérience est raisonnable, parce que c'est à peu près le temps nécessaire pour assimiler le jargon, apprendre le fonctionnement des choses et se familiariser avec les outils de travail. Par la suite, la relation entre les années d'expérience et la productivité s'estompe. En effet, il y a étonnamment peu de différences entre un candidat qui a six mois d'expérience et un autre qui en a six ans. La véritable différence dépend du dévouement, de la personnalité et de l'intelligence de chacun.

Comment mesure-t-on une telle chose, de toute façon? Que signifie au juste «posséder cinq ans d'expérience»? Si on a passé deux ou trois week-ends à se familiariser avec quelque chose il y a quelques années, peut-on compter cela comme un an d'expérience? Comment l'entreprise est-elle censée vérifier ce genre d'allégation? Tout cela prête à confusion.

Ne surestimez pas l'importance des années d'expérience dont se targuent les candidats. C'est la qualité de leur travail qui compte.

Peu importent les diplômes

Ne vous préoccupez pas des diplômes

Je n'ai jamais laissé mon instruction nuire à mon éducation.
— MARK TWAIN

De nombreuses entreprises exigent de l'instruction. Elles embauchent seulement des gens qui ont un DEC (parfois un DEC spécialisé), ou des études supérieures, ou une moyenne générale acceptable, ou une attestation, ou une quelconque autre exigence. Allons donc !

Des tas de gens intelligents n'excellent pas sur les bancs d'école. Ne tombez pas dans le piège de vouloir à tout prix des recrues bardées de diplômes ou qui viennent des « meilleures écoles ». Quatre-vingt-dix pour cent des PDG des 500 plus grandes entreprises des États-Unis n'ont pas fait leurs études dans une université de la Ivy League, qui réunit 8 universités très prestigieuses du nord-est des États-Unis. En fait, ils sont plus nombreux à avoir fréquenté l'Université du Wisconsin qu'Harvard, l'université de la Ivy League la mieux représentée avec 9 PDG sur 500[24].

Passer trop de temps aux études peut même être nocif. Prenez l'écriture, par exemple : dès qu'on sort de l'école, il faut désapprendre en bonne partie la manière d'écrire qu'on y enseigne. Voici certaines des pires leçons d'écriture que transmet l'école :

- ➤ Plus un document est long, plus il est important.
- ➤ Mieux vaut un ton conventionnel et guindé qu'un ton simple et naturel.
- ➤ Employer des grands mots rend un texte plus impressionnant.
- ➤ Il faut écrire un bon nombre de mots ou de pages pour prouver ce qu'on avance.
- ➤ Quand on écrit, la forme compte autant (sinon plus) que le contenu.

Pas étonnant que les écrits des entreprises soient si souvent désincarnés, verbeux et dépourvus de sens ! Les gens ne font que perpétuer les mauvaises habitudes prises à l'école.

Et l'écriture n'est qu'un exemple. Bien d'autres compétences valorisées dans les milieux scolaires perdent beaucoup de leur utilité (sinon toute) dès qu'on en sort.

Retenez ceci : le bassin des excellents candidats ne se réduit pas à ceux qui ont des tas de diplômes ou des notes à tout casser. Vous auriez tort d'écarter systématiquement les décrocheurs, les mauvais élèves et les gens qui n'ont qu'un diplôme d'études secondaires.

Tout le monde au boulot !

Dans une petite équipe, il faut des gens pour faire le travail, pas pour le déléguer. Tout le monde doit être productif, et personne ne doit se soustraire au vrai travail. Autrement dit, il faut éviter d'embaucher des gens qui délèguent, c'est-à-dire de la race de ceux qui adorent dire aux autres quoi faire. Dans une petite équipe, ce sont des poids morts : ils surchargent les autres de travail plus ou moins inutile et, quand ils n'en ont plus à déléguer, ils en inventent.

Les gens qui délèguent convoquent constamment des réunions. Ils en raffolent parce qu'ils y trouvent un lieu pour se mettre en valeur et se donner de l'importance. Pendant ce temps, ceux qui sont forcés d'y assister perdent leur temps et le vrai travail n'avance pas.

Embauchez des gestionnaires de

1

personne

Embauchez des gens autonomes

Une personne autonome propose ses propres objectifs et travaille elle-même à les atteindre. Elle n'a besoin ni de direction musclée ni de surveillance étroite et quotidienne. Elle fait ce que ferait un gestionnaire – donner le ton, déterminer ce qui doit être fait et pour quand, organiser et assigner des tâches, etc. –, mais elle le fait elle-même et pour elle-même seulement.

Les gestionnaires d'une seule personne vous libèrent de la supervision en se supervisant eux-mêmes. Inutile de leur tenir la main. Si vous les laissez tranquilles, vous serez étonné et ravi de la quantité de travail qu'ils abattent.

Comment repérer ces précieuses personnes ? En examinant leurs antécédents. Elles se sont déjà autogérées dans d'autres circonstances ; elles ont déjà dirigé un projet ou lancé quelque chose.

Vous avez besoin de ressources capables de bâtir à partir de rien et de mener leurs projets à terme. Embaucher des gens autonomes permet à toute l'équipe de faire plus de travail et moins de gestion.

Embauchez les gens qui écrivent le mieux

Embauchez les meilleures plumes

Si vous devez choisir entre deux ou plusieurs personnes, embauchez celle qui écrit le mieux. Pour occuper un poste en marketing, en vente, en conception, en programmation ou n'importe quoi d'autre, les meilleures plumes sont à privilégier.

Bien écrire va au-delà de l'écriture. Une écriture claire dénote une pensée claire. Les gens qui écrivent bien savent communiquer. Ils rendent les choses faciles à comprendre. Ils peuvent se mettre à la place d'autrui. Ils savent ce qu'il vaut mieux ne pas dire. Et ce sont là des qualités inestimables chez toute personne que vous embaucherez.

L'écriture revient en force dans tous les secteurs de la société. Regardez tous ces gens qui écrivent maintenant un courriel ou un texto au lieu de faire un appel. Voyez l'importance que prennent des moyens de communication comme la messagerie instantanée et les blogues. L'écriture est devenue le véhicule des bonnes idées.

Les meilleurs vivent

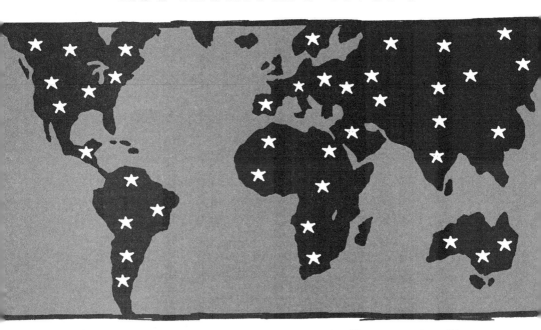

un peu partout

Les meilleurs sont partout

Ne pas engager les personnes qui seraient les meilleures pour vous simplement parce qu'elles vivent dans une autre région, un autre pays ou sur un autre continent serait insensé à une époque où la technologie permet si facilement de rassembler tout le monde en ligne.

Le siège social de 37signals se trouve à Chicago, mais plus de la moitié de notre équipe vit ailleurs – en Espagne, au Canada, en Idaho, en Oklahoma et ailleurs. Si nous avions limité nos recherches à Chicago, nous nous serions privés de la moitié des gens exceptionnels avec qui nous travaillons.

Pour que votre équipe reste en contact malgré l'éloignement, il importe que des périodes de travail se chevauchent au moins quelques heures par jour. Si les fuseaux horaires ne s'y prêtent pas, un ou plusieurs employés devront peut-être commencer ou finir plus tard pour ménager un moment dans la journée où, au besoin, tout le monde peut communiquer avec tout le monde. Inutile que les horaires coïncident huit heures par jour. En fait, nous avons découvert qu'il valait mieux que ce ne soit pas le cas ; cela laisse de plus longues plages de travail en solitaire.

Vous devez aussi organiser des rencontres en chair et en os de temps à autre. Tout le monde devrait se rencontrer au moins tous les quelques mois. À 37signals, nous réunissons toute l'équipe à quelques reprises dans l'année. Ces rencontres deviennent des occasions formidables de faire le point sur nos progrès, de discuter de ce qui va bien et de ce qui va mal, de penser à l'avenir et de renouer les uns avec les autres sur le plan personnel.

Oubliez la géographie et embauchez les personnes les plus talentueuses, peu importe où elles vivent.

Des employés mis à l'essai

Les entretiens d'embauche ne disent pas tout. Certaines personnes qui ont l'air de pros ne travaillent pas comme des pros. Vous devez évaluer non pas le travail qu'elles disent avoir fait mais celui qu'elles peuvent abattre aujourd'hui.

Vous voulez savoir ce qu'elles peuvent faire? Mettez-les à l'essai : embauchez-les pour un petit projet. Même si le projet ne dure qu'une vingtaine ou une quarantaine d'heures, vous verrez comment elles prennent leurs décisions, si vous vous entendez avec elles, quelles questions elles posent, etc. Bref, vous pourrez les juger sur leurs actes plutôt que sur leurs paroles ou leur CV.

Vous pouvez même inventer un projet pour mettre les candidats à l'épreuve.

- ► Dans son usine de Caroline du Sud, BMW a construit une fausse chaîne de montage et donne une heure et demie aux candidats pour s'acquitter d'une série de tâches reliées au travail[25].
- ► Le constructeur d'avions Cessna propose aux aspirants gestionnaires un jeu de rôle dont le scénario reproduit la journée d'un cadre. Les candidats doivent rédiger des notes de service, répondre à des clients (fictifs) en colère et résoudre divers problèmes. Cessna a embauché ainsi une centaine de cadres[26].

Manifestement, ces entreprises savent que la vérité apparaît lorsque la personne se trouve en situation de travail. Lire un CV, regarder un portfolio ou mener une entrevue est une chose, travailler avec quelqu'un en est une autre.

Chapitre 10

La limitation des dégâts

Annoncez vous-même vos mauvaises nouvelles

Annoncez vous-même vos mauvaises nouvelles

Si quelque chose va mal, inévitablement, quelqu'un le dira. Il vaut mieux que ce soit vous. Si vous vous taisez, les rumeurs, les ouï-dire et les faussetés ne tarderont pas à se propager.

En cas de problème, ne jouez pas à l'autruche. Informez-en les clients (même s'ils n'ont rien remarqué) et tous les gens concernés. Si vous n'en parlez pas vous-même, quelqu'un d'autre le fera – probablement en ligne –, et tout le monde le saura. De nos jours, il n'y a plus de secret.

Les gens vous respecteront davantage si vous vous montrez ouvert, honnête et responsable en cas de problème ou lors d'une crise. Ne vous cachez pas et n'essayez pas de manipuler la nouvelle ou d'en atténuer la gravité. Votre objectif doit être d'informer vos clients le mieux possible.

► En 1989, le pétrolier *Exxon Valdez* s'est échoué sur les côtes de l'Alaska, déversant 42 millions de litres de brut dans les eaux de la baie du Prince-William. Exxon a commis l'erreur de tarder à réagir à ce déversement et à envoyer de l'aide en Alaska. De plus, son PDG a attendu deux longues semaines avant de se rendre sur les lieux. Enfin, l'entreprise a tenu ses points de presse à Valdez, une ville d'Alaska difficile d'accès pour les journalistes. Résultat : les relations publiques désastreuses d'Exxon ont donné au public l'impression que l'entreprise cachait des choses ou se contrefichait de ce qui était arrivé[27].

► Presque en même temps, l'effondrement, dans un fleuve près de Pittsburg, du réservoir de pétrole de la compagnie pétrolière Ashland a été géré très différemment. Le PDG de l'entreprise, John Hall, s'est immédiatement rendu sur place pour prendre la direction des opérations. Il s'est engagé à tout nettoyer et a fait le tour des salles de nouvelles pour expliquer ce que ferait l'entreprise et pour répondre aux questions des journalistes. En une seule journée, il a transformé une histoire de pétrolière corrompue et malfaisante en une histoire de brave pétrolière qui faisait l'impossible pour tout nettoyer[28].

Voici quelques conseils utiles en cas de crise :

- ► Le message doit venir d'en haut. La personne la plus haut placée disponible devrait prendre la direction des opérations avec fermeté.
- ► Parlez haut et fort. Utilisez tous les porte-voix dont vous disposez. Ne vous cachez pas et ne cachez rien.
- ► « Pas de commentaires » n'est pas une réponse envisageable.
- ► Présentez les excuses de l'entreprise comme le ferait un être humain et expliquez en détail ce qui est arrivé.
- ► Montrez que vous vous préoccupez des problèmes que rencontrent vos clients (ou les autres personnes lésées) et prouvez-le concrètement.

Une réponse **rapide** change tout

Les avantages de la réponse rapide

« Votre appel est important pour nous. Merci de patienter. Le temps d'attente moyen est actuellement de 16 minutes. » Non mais, quel culot !

En matière de service à la clientèle, répondre rapidement est probablement la chose la plus importante. Vous n'en reviendrez pas de constater à quel point une réponse rapide peut désamorcer une situation explosive et la transformer en situation favorable.

Vous est-il déjà arrivé d'envoyer un courriel et d'attendre la réponse pendant des jours ou des semaines ? Comment vous sentiez-vous ? De nos jours, les gens s'attendent à être traités ainsi. Ils ont l'habitude qu'on les mette en attente en leur servant les platitudes habituelles sur l'importance de leur appel. C'est pourquoi tant de demandes d'assistance commencent sur un ton hostile ; certains clients vont jusqu'aux menaces ou aux injures. Ne vous en formalisez pas, car ils n'en ont pas contre vous personnellement. Ils ont seulement fini par croire que c'était le seul moyen de se faire entendre ; ils font grincer les rouages dans l'espoir qu'on y mette un peu d'huile. Cependant, si on leur répond rapidement, ils changent du tout au tout. Leur humeur s'adoucit, ils deviennent extrêmement polis et se confondent en remerciements.

Les clients se montreront d'autant plus ravis si vous leur donnez une réponse personnalisée. Ils reçoivent tellement de réponses toutes faites que vous vous démarquerez en les écoutant réellement et en leur répondant de manière réfléchie. Si la réponse parfaite ne vous vient pas sur-le-champ, une réponse comme « laissez-moi faire des recherches et je vous reviens » fera merveille.

Sachez présenter vos excuses

S'il n'existe aucune façon vraiment formidable de dire que vous êtes désolé, il y en a assurément beaucoup de très mauvaises. Une des pires consiste à présenter des excuses qui n'en sont pas, c'est-à-dire à faire une déclaration qui ressemble à des excuses mais qui affirme en fait qu'on n'accepte pas le blâme : « Si cela vous bouleverse à ce point, nous en sommes désolés », « Si vous pensez que nous n'avons pas été à la hauteur de vos attentes, je le regrette. » Vous voyez le genre.

Présenter convenablement ses excuses signifie assumer les conséquences de ses actes. Les vraies excuses ne comportent pas de « si » et ne rejettent pas la responsabilité sur l'autre. Elles fournissent des explications réelles et détaillées sur ce qui s'est passé et sur ce qui est fait pour corriger la situation et éviter qu'elle se reproduise.

Autre phrase à ne pas prononcer : « Nous nous excusons de tout inconvénient que cette interruption de service pourrait entraîner. » Grrrrr ! Voyons où le bât blesse.

- ➤ « **Nous nous excusons…** » Si vous renversez du café brûlant sur votre voisin dans l'autobus, dites-vous « Je m'excuse » ? Non. Vous vous exclamez : « Je suis vraiment, vraiment désolé ! » Eh bien, si votre service est crucial pour vos clients, son interruption équivaut à renverser un café brûlant sur eux, alors trouvez des mots et un ton qui montrent que vous reconnaissez la gravité de l'événement. De plus, la personne en autorité devrait en prendre personnellement la responsabilité. Les excuses au « je » sont beaucoup plus convaincantes que les excuses au « nous ».

- ➤ « **…de tout inconvénient que cette interruption de service…** » Si les clients dépendent de votre service et n'y ont plus accès, vous ne leur causez pas un inconvénient, vous les plongez dans une crise. Une file d'attente à l'épicerie est un inconvénient, mais une interruption de service est plus que ça.

► « ... **pourrait entraîner...** » Ici, le conditionnel signifie que l'incident pourrait n'avoir entraîné aucun inconvénient. Ce classique des excuses qui n'en sont pas nie ou minimise le ou les problèmes très réels que vivent les clients. Quand un événement n'a aucune répercussion fâcheuse, inutile de dire quoi que ce soit, mais quand il en a, le conditionnel est de trop. Évitez les tergiversations.

Alors quelle est la bonne manière de présenter ses excuses ? Il n'y pas de formule magique, mais ce qui est certain, c'est que toutes les formules passe-partout sonnent creux et faux. Il faut trouver la façon de faire pour chaque cas particulier. Le principe de base consiste à se demander comment on recevrait ces excuses si on se trouvait de l'autre côté de la barrière. Si on vous disait la même chose, le croiriez-vous ?

N'oubliez pas : si sincères soient-elles, les excuses ne changent rien au tort que vous avez causé. Toutes les excuses du monde ne vous sauveront pas si les gens ne vous faisaient pas confiance jusque-là. Votre façon d'agir avant que les choses tournent mal compte beaucoup plus que les mots avec lesquels vous présentez vos excuses. Si vous avez établi une bonne relation avec vos clients, ils se montreront un peu plus indulgents et enclins à vous croire quand vous direz que vous êtes désolé.

Tout le monde au front

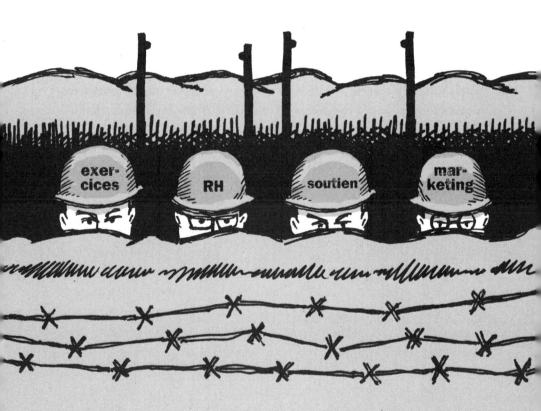

Envoyez tout le monde au front

Dans la restauration, il y a un monde entre le travail en cuisine et le service aux clients. Les enseignants des écoles d'hôtellerie et les restaurateurs avisés savent combien il importe que les employés en cuisine et en salle se comprennent et s'appuient mutuellement. Souvent, ils envoient les cuisiniers assurer pendant un certain temps le service en salle. Les cuistots ont ainsi l'occasion d'interagir avec les clients et de voir comment les choses se passent au front.

Cette division cuisine/service se retrouve dans de nombreuses entreprises. Les gens qui fabriquent le produit travaillent « à la cuisine » pendant que les responsables du soutien s'occupent des clients. Malheureusement, ceux qui concoctent le produit n'entendent pas directement ce que disent les clients. C'est dommage, parce qu'écouter les clients reste la meilleure manière de vraiment connaître les forces et les faiblesses d'un produit.

Vous connaissez probablement le jeu du téléphone arabe. Une dizaine d'enfants s'assoient en cercle, et l'un d'eux chuchote un message à l'oreille de son voisin, qui le répète à son voisin, etc. Après un tour du cercle, le message initial qui avait un sens a été déformé au point d'en devenir hilarant : « Le macaroni du chien prédit l'avenir. » Et plus il y a de participants, pire est la distorsion.

La même chose se passe dans votre entreprise : plus il y a d'intermédiaires entre les commentaires des clients et les gens qui « font la cuisine », plus le message risque de se perdre ou de se déformer. Tous les membres de votre équipe devraient se brancher sur les clients – pas tous les jours, mais au moins à quelques reprises durant l'année. De cette façon, ils sentiront le tort qu'un problème peut causer aux clients et auront vraiment envie de le régler. En même temps, ils auront accès à la joie des clients satisfaits et au soulagement de ceux dont on règle le problème, ce qui est aussi incroyablement stimulant.

Ne protégez pas les gens « à la cuisine » des réactions de la clientèle. Cette critique directe ne doit épargner personne.

Vous pensez ne pas avoir le temps d'interagir avec les clients ? Prenez-le. Craig Newmark, le fondateur de Craigslist, répond encore personnellement aux courriels des clients (souvent très rapidement, en quelques minutes). Il efface encore les commentaires racistes du forum de discussion et peste contre les agents immobiliers new-yorkais qui affichent des appartements à louer inexistants[29]. S'il peut consacrer ce genre d'attention au service à la clientèle, vous le pouvez aussi.

Respirez profondément

Respirez par le nez

Quand vous agitez l'eau, vous créez des vagues. Si vous ajoutez une nouvelle fonctionnalité, si vous enlevez quelque chose ou si vous modifiez une façon de faire, vous déclencherez automatiquement un concert de protestations. Ne cédez pas à la panique et résistez à la tentation de réagir rapidement. Au début, les esprits s'échauffent. Rien de plus normal. Si vous surmontez cette première semaine tumultueuse, normalement tout rentrera dans l'ordre.

Les gens sont des êtres d'habitude ; de prime abord, ils réagissent très mal au changement. Ils sont habitués à utiliser quelque chose d'une certaine manière, et tout changement bouscule l'ordre des choses. Alors ils résistent, se plaignent, exigent que vous reveniez en arrière. Cela ne signifie pas que vous devez le faire. Parfois, vous devrez maintenir une décision en laquelle vous croyez même si elle est au départ impopulaire.

Les gens réagissent souvent avant même d'avoir expérimenté le changement contre lequel ils protestent. Cette première réaction défavorable tient parfois du réflexe primaire. Vous faites un changement mineur, et ils s'exclament : « Je n'ai jamais rien vu de pire ! » Allons donc !

Souvenez-vous aussi que les réactions défavorables s'expriment presque toujours avec plus de force et de passion que les réactions favorables. Il se peut même que vous n'ayez que des échos négatifs à propos d'un changement alors que la majorité de vos clients l'apprécient. Donc, si vous prenez une décision nécessaire mais controversée, ne reculez pas trop vite.

Si les gens protestent contre un changement, respirez par le nez et laissez le temps faire son œuvre. Montrez-leur que vous les écoutez, que vous entendez ce qu'ils disent et que vous comprenez leur mécontentement. Expliquez-leur que vous allez laisser les choses telles quelles pour le moment, le temps de voir ce qui se passe. Il y a fort à parier qu'ils s'y habitueront et que, une fois habitués, ils préféreront la nouvelle chose/façon/procédure à l'ancienne…

Chapitre 11

La culture d'entreprise

La culture est le résultat d'un comportement cohérent

On ne crée pas une culture

Les cultures instantanées sont des cultures plaquées et artificielles, des big-bangs d'énoncés de mission, de déclarations, de politiques et de vœux pieux. Elles sont grossières, laides et factices. Une culture plaquée est à une véritable culture ce qu'un faux-fini est à une patine.

On ne crée pas une culture. C'est pourquoi les nouvelles entreprises n'ont pas de culture : la culture vient avec le temps ; elle résulte d'un comportement cohérent et persistant. Si vous encouragez réellement et concrètement la mise en commun, la mise en commun finira par faire partie de votre culture. Si vous récompensez la confiance, la confiance s'intégrera à votre culture. Si vous traitez bien les clients, le respect des clients deviendra inhérent à votre culture.

Une culture d'entreprise n'est pas une table de soccer ou un mur d'escalade. Une culture n'est pas un party de Noël ou une partie de golf annuelle. Une culture n'est ni un énoncé de mission, ni une politique, ni un slogan. Une culture repose sur des actes et non sur des mots.

Ne vous inquiétez pas trop de la culture de votre entreprise. Ne forcez pas les choses, car vous ne pouvez pas installer une culture toute faite. Comme le bon vin, la culture s'élabore au fil du temps.

Vos décisions sont temporaires

Changez de cap au besoin

« Qu'est-ce qui va se passer si… ? », « Et si jamais… ? », « Peut-être que nous devrions planifier une solution au cas où… ? »

Ne vous inventez pas des problèmes que vous n'avez pas encore. Tant qu'ils ne se sont pas concrétisés, ce ne sont pas de vrais problèmes. Et la plupart des éventualités qui vous inquiètent ne se concrétiseront jamais.

Par ailleurs, les décisions que vous prenez actuellement ne seront pas éternelles. Si vous croyez que tout ce que vous décidez aujourd'hui devra s'appliquer pendant des années et des années, vous risquez de tuer dans l'œuf de bonnes idées, des lignes de conduite intéressantes et des expériences qui en vaudraient la peine. Surtout dans une petite entreprise. Si les circonstances changent, vos décisions peuvent changer, elles aussi : vos décisions sont temporaires. .

À l'étape actuelle, vous inquiéter de savoir si un concept qui rejoint 5 personnes pourra un jour en fidéliser 5 000 (ou 100 000 ou 100 000 000) n'a aucun sens. Faire décoller un produit ou un service est déjà assez difficile, inutile d'en rajouter. Faites de votre mieux aujourd'hui, vous vous inquiéterez de l'avenir quand vous y serez !

On l'a dit, un des grands atouts d'une petite entreprise réside dans sa facilité à changer de cap. Vous pouvez opérer de grands changements beaucoup plus vite que les grandes entreprises que vous concurrencez. Concentrez-vous sur le présent, sinon vous perdrez du temps, de l'énergie et de l'argent à régler des problèmes qui ne se matérialiseront peut-être jamais.

Un milieu brillant

Laissez les stars aux autres

De nos jours, il n'est pas rare de voir des offres d'emploi demandant une « star » ou un « as ». Lamentable... Sauf si votre milieu de travail concerne l'astronomie ou si vous vendez des cartes à jouer, ces mots n'ont strictement rien à faire dans votre entreprise.

Au lieu de vous demander comment vous pourriez remplir votre milieu de travail de stars, réfléchissez à ce milieu de travail. Tout le monde peut travailler bien, ou mal, ou entre les deux. La qualité du travail dépend du milieu beaucoup plus qu'on ne le croit.

Les êtres humains ne naissent pas tous égaux. Offrir aux gens un milieu de travail de stars n'en fera pas des gens plus brillants. Cependant, un immense potentiel inexploité sommeille sous les politiques bancales, les directions médiocres et les bureaucraties étouffantes. Enlevez tout ça, et vous découvrirez que les gens ne demandent pas mieux que de faire du bon travail. Encore faut-il leur en donner la possibilité. Et cela n'a rien à voir avec les « vendredis décontractés » ou les journées « emmenez votre chien » (si ce sont de bonnes idées, pourquoi ne pas le faire tous les jours ?).

Un milieu brillant repose sur la confiance, l'autonomie et la responsabilité. Il suppose aussi qu'on donne aux gens l'intimité, l'espace de travail et les outils qu'ils méritent. Autrement dit, les milieux brillants respectent les gens qui font le travail de même que leur façon de le faire.

Ils n'ont plus 13 ans

Faites confiance

Quand on traite les gens comme des enfants, ils travaillent comme des enfants. C'est exactement ce que font de nombreuses entreprises avec leur personnel. Leurs employés doivent faire approuver la moindre dépense et demander la permission avant d'entreprendre quoi que ce soit. C'est tout juste s'il ne leur faut pas un billet pour aller aux toilettes.

Les entreprises où tout doit toujours être approuvé engendrent une culture de décérébrés. Elles créent une relation « patron contre travailleurs » qui clame bien haut : « Je ne vous fais pas confiance. » Que gagnez-vous à interdire formellement à vos employés d'aller sur YouTube ou sur les réseaux sociaux lorsqu'ils sont au bureau ? Strictement rien. Ce temps ne se convertira pas en temps de travail. Les gens trouveront un autre moyen de se distraire.

De toute façon, vous n'obtiendrez jamais des gens qu'ils travaillent vraiment sept ou huit heures par jour. Oubliez ce mythe. Ils seront à leur poste sept ou huit heures par jour, mais ils ne travailleront pas tout ce temps. Tout le monde a besoin de petits moments de distraction pour rompre la monotonie d'une journée de travail. Quelques minutes de YouTube ou de Facebook ne font de mal à personne.

Pensez à tout le temps et à tout l'argent que coûte la surveillance de ces soi-disant incartades. Combien coûte l'installation d'un logiciel de surveillance ? Combien de temps des employés du service informatique perdent-ils à surveiller des collègues plutôt que de faire avancer un projet qui en vaut la peine ? Combien de temps perdez-vous à rédiger des règlements que personne ne lit ? Calculez les coûts du manque de confiance en vos employés et vous comprendrez vite où est votre intérêt.

Que tout le monde quitte à cinq heures !

Il est cinq heures, tout le monde dehors!

Bien des entreprises imaginent l'employé rêvé comme une personne dans la vingtaine qui a le moins de vie privée possible – quelqu'un pour qui travailler 14 heures par jour et dormir sous son bureau ne pose aucun problème.

Bourrer l'entreprise de ce genre de travailleurs acharnés n'est pas une aussi bonne idée qu'on pourrait le croire. Mine de rien, vous obtiendriez du travail de moindre qualité. De plus, vous perpétueriez les mythes du genre « c'est la seule façon d'accéder à la cour des grands ».

Il ne vous faut pas plus d'heures de travail, mais des heures de travail plus productives. Les personnes qui ont une vie privée avec des tas d'occupations à la maison et ailleurs sont plus efficaces au travail. Elles s'acquittent de leurs tâches durant les heures de bureau pour pouvoir se libérer ensuite. Elles trouvent des moyens de travailler plus efficacement parce qu'il le faut : à cinq heures, elles doivent prendre les enfants à la garderie ou se rendre à la répétition de leur chorale. Alors elles mettent leurs heures de travail à profit.

Comme on le dit parfois, si vous voulez que quelque chose se fasse, demandez-le à la personne la plus occupée de votre entourage. Vous avez tout intérêt à être entouré de gens occupés qui ont une vie privée et veulent faire autre chose que travailler. Vous auriez tort de demander à vos employés de faire tourner toute leur vie autour du travail, du moins si vous tenez à les garder longtemps.

Ne cicatrisez pas trop vite

Les entreprises ont tendance à adopter des règlements dès que quelque chose cloche : « Quelqu'un porte un short aujourd'hui ! Il nous faut absolument un code vestimentaire ! » Non, pas du tout. Dites simplement à ce quelqu'un de ne plus porter de short.

Les règlements sont le tissu cicatriciel des organisations, la codification de réactions disproportionnées à des situations qui ne se seraient probablement jamais reproduites, une punition collective pour les méfaits d'un ou deux individus.

C'est ainsi que s'installent les bureaucraties. Personne ne décide jamais de créer une bureaucratie ; elle se forme en douce dans les organisations, un règlement (une cicatrice) après l'autre.

Alors ne cicatrisez pas à la moindre écorchure. N'instituez pas un règlement parce que quelqu'un n'a pas fait ce qu'il fallait. Réservez les règlements aux situations qui se répètent encore et encore.

Communiquez simplement

Qu'espèrent-ils, ces gens d'affaires qui essaient de parler sur un ton important ? À quoi riment leur langage ampoulé, leurs annonces officielles, leur fausse amabilité, leur jargon, etc. ? On dirait des robots. Ils parlent dans notre direction, mais sûrement pas à nous.

Ce professionnalisme de façade est une vraie farce, et personne n'est dupe. Pourtant, les petites entreprises se prennent au jeu. Elles imitent ce ton important et ces tics de langage comme s'ils pouvaient les faire paraître plus grandes et plus « professionnelles ». En fait, elles se rendent ridicules. Plus grave encore, elles sacrifient un des plus grands atouts d'une petite entreprise : la capacité de communiquer simplement et directement, sans que leurs moindres mots soient filtrés par des cabinets d'avocats ou de relations publiques.

Il n'y a rien de mal à avoir l'air de ce qu'on est. Au contraire, en affaires, mieux vaut dire franchement qui on est. La première impression que vous laissez passe souvent par votre langage. Pourquoi commencer par un mensonge ?

Ne craignez pas de rester vous-même. Parlez de manière naturelle. Cette recommandation s'applique au langage que vous utilisez partout et en tout temps : dans vos courriels, sur vos emballages, dans votre blogue, dans votre argumentaire de vente, dans vos interviews, dans vos allocutions, etc. Parlez aux clients comme vous parleriez à des amis. Expliquez-leur les choses comme vous le feriez si vous étiez assis à côté d'eux : évitez le jargon et toute forme de blabla. Laissez tomber les mots comme « monétisation » ou « transparence » ; utilisez plutôt « faire de l'argent » et « être honnête » ; ne vous servez pas de sept mots si quatre suffisent.

N'obligez pas vos employés à terminer leurs courriels par un charabia administratif du genre : « Le contenu de cet envoi est confidentiel et à l'usage exclusif du ou des destinataires indiqués ci-dessus. » Cela équivaut à écrire : « Nous n'avons pas confiance en vous et nous sommes prêts à vous traîner devant les tribunaux. » Si vous pensez vous faire des amis de cette façon, bonne chance.

N'écrivez pas pour écrire, écrivez pour être lu. Quand vous écrivez quelque chose, lisez-le à haute voix. Est-ce la manière dont vous vous exprimeriez si vous parliez à quelqu'un ? Sinon, comment pourriez-vous rapprocher votre texte du ton de la conversation ? Qui prétend que l'écriture doit être guindée ? Qui prétend que vous devez vous dépouiller de votre personnalité quand vous mettez vos mots par écrit ? Oubliez les conventions et communiquez !

Lorsque vous écrivez, ne pensez pas à tous les gens qui pourraient vous lire. Pensez à quelqu'un en particulier et écrivez pour cette personne. Écrire pour une foule amène à écrire des généralités maladroites. Si vous parlez à quelqu'un, vous avez beaucoup plus de chances de sonner vrai.

Les mots à ne pas utiliser

En affaires, il y a des mots à éviter. Ce ne sont ni « merde » ni « con », mais plutôt des mots comme « absolument », « impossible », « facile », « seulement » et « vite ». Faussement anodins, ces mots font obstacle à une communication saine. Ce sont autant de drapeaux rouges qui attisent l'animosité, torpillent les discussions constructives et retardent les projets.

Lorsqu'on utilise ces mots, on crée immédiatement une situation en noir et blanc, sans nuances. Dans la réalité, c'est rarement tout noir ou tout blanc, donc les gens s'énervent, des tensions et des conflits s'ensuivent, avec leur cortège de problèmes inutiles. Examinons ce qui cloche avec certains de ces mots.

- ► **Absolument.** Combien de fois dit-on ou entend-on « il faut (on doit) absolument… » ? Pourtant, très peu de choses doivent absolument arriver, et on obtient de bien meilleurs résultats en remplaçant ces « absolument » par des « peut-être », « Pourrions-nous… ? », « Devrions-nous… ? », « Faudrait-il… ? » ou « Pensez-vous que… ? »
- ► **Impossible.** Quand on dit « impossible de… », il est probable que la chose en question soit possible. Parfois, il y a même des impossibles contradictoires : « Impossible de le lancer, il n'est pas prêt » *versus* « Impossible de prendre plus de temps, il faut le lancer. » Ces deux affirmations peuvent être vraies. (Quoique… Attendez… Le peuvent-elles vraiment ?)
- ► **Facile.** « Facile » est un mot qu'on utilise pour décrire les tâches des autres. « Ce serait facile pour toi de… » Curieusement, les gens qualifient rarement leurs propres tâches de faciles. Pour eux, c'est : « Je vais examiner ça », et pour les autres : « Tu pourras facilement… »

Ces mots sortent, l'air de rien, lors des discussions (surveillez aussi leurs cousins « tout le monde », « personne », « toujours » et « jamais »). Dès qu'ils sont prononcés, la solution s'éloigne, parce qu'ils braquent les gens en opposant deux absolus. C'est là que les prises de bec surviennent. Il n'y a plus de terrain neutre.

Ces mots sont particulièrement dangereux en enfilade : « Il faut absolument ajouter cette fonctionnalité. Impossible de sortir le produit sans elle. Tout le monde la veut. Ce n'est pas grand-chose, ce sera facile. Tu devrais y arriver très vite. » Trente-trois mots et une centaine de présupposés : la recette d'un désastre.

Ne dites plus « dès que possible »

Cessez de dire « dès que possible ». On le sait. Cela va soi. Tout le monde veut que les choses soient faites dès que possible. Ajouter « dès que possible » à chaque demande, c'est dire que tout est prioritaire. Et si tout est prioritaire, rien ne l'est. (Étonnant comme tout est prioritaire tant qu'on n'a pas établi ses véritables priorités.)

L'expression « dès que possible » tient de l'inflation verbale : elle dévalue toute demande qu'elle n'accompagne pas. Très vite, la seule façon d'obtenir qu'une tâche soit accomplie est d'y coller l'étiquette « dès que possible ». En réalité, très peu de choses justifient une telle hystérie. Lorsqu'une tâche n'est pas faite sur-le-champ, personne ne meurt, personne ne perd son emploi, et l'entreprise n'est pas ruinée. Les « dès que possible » à répétition créent un stress inutile qui peut mener à l'épuisement professionnel ou pire. Alors réservez le vocabulaire de l'urgence aux véritables urgences, celles où l'inaction aurait des conséquences directes, mesurables et sérieuses. Pour le reste, décompressez !

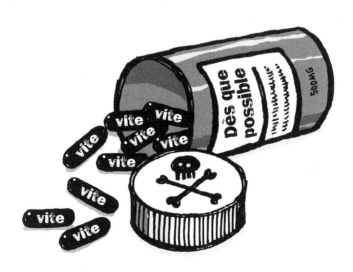

Conclusion

L'inspiration a une date de péremption

Nous avons tous des idées. Les idées ne meurent jamais. Elles durent éter-nellement. L'inspiration, elle, passe. Comme le lait et les fruits frais, elle a une date de péremption. Si vous voulez faire quelque chose, vous devez le faire maintenant. Vous ne pouvez pas mettre le tout au réfrigérateur et y re-venir dans deux mois ; vous ne pouvez pas dire : « Je le ferai plus tard. » Plus tard, votre idée ne vous emballera plus. Si vous êtes inspiré un vendredi, ou-bliez le week-end et plongez dans votre projet. Si vous êtes vraiment inspiré, vous pourrez abattre 2 semaines de travail en 24 heures. En ce sens, l'inspi-ration est une machine à voyager dans le temps. Elle a des pouvoirs ma-giques. Elle décuple votre productivité et vous donne des ailes, mais elle ne vous attend pas. L'inspiration n'existe qu'au présent. Si elle s'empare de vous, saisissez-la et mettez-la aussitôt au travail.

Ressources

À propos de 37signals*

37signals
www.37signals.com
Le site officiel de notre entreprise et de nos produits.

Réinventer le travail
www.37signals.com/rework
Le site officiel du livre dans sa version originale.

Signal vs. Noise
www.37signals.com/svn
Notre blogue d'entreprise sur la conception de logiciels, les affaires, nos expériences, la simplicité, le Web, la culture, etc.

Les vidéos de 37signals
www.37signals.com/speaks
Nos allocutions, interviews et coups de gueule.

Abonnez-vous à **la lettre d'information de 37signals**
www.37signals.com/subscribe
Une lettre d'information sur nos nouveaux produits, nos réductions, etc. (envoyée à peu près deux fois par mois).

* Tous les textes du site 37signals.com sont en anglais.

Les produits de 37signals

Basecamp
www.basecamphq.com
Pour la gestion de vos projets et la collaboration avec votre équipe
et vos clients.

Highrise
www.highrisehq.com
Pour le suivi de vos contacts et de vos activités de vente et de prospection.

Backpack
www.backpackit.com
Pour l'organisation et la diffusion de l'information au sein
de votre entreprise.

Campfire
www.campfirenow.com
Pour le clavardage et le partage de code et de fichier en temps réel dans
les petites équipes qui travaillent à distance.

Ta-da List
www.tadalist.com
Pour la confection et le partage de listes de choses à faire.

Writeboard
www.writeboard.com
Un outil d'écriture en collaboration.

Getting Real
http://gettingreal.37signals.com/
Un autre livre de 37signals qui vous aidera à découvrir la façon la plus facile, la plus rapide et la plus intelligente de concevoir une application
Web populaire.

Ruby on Rails
www.rubyonrails.org
Un cadriciel libre créé par 37signals.

Remerciements

Nous remercions tout particulièrement Matthew Linderman. Matt a été le premier employé de 37signals en 1999 et il est toujours avec nous. Ce livre n'aurait jamais vu le jour sans Matt. En plus d'avoir lui-même participé à l'écriture de son contenu, il a contribué à fondre les styles très différents des coauteurs pour en tirer un livre cohérent. Il en a rendu la lecture facile, mais ce n'était pas un travail facile. Merci, Matt. Nous tenons aussi à remercier nos familles, nos clients et l'équipe de 37signals. Finalement, voici une liste de quelques-unes des personnes que nous connaissons, ou pas, et qui nous ont inspirés d'une manière ou d'une autre.

Frank Lloyd Wright
Warren Buffett
Clayton Christensen
Jim Coudal
Ernest Kim
Scott Heiferman
Carlos Segura
Steve Jobs
Bill Maher
Mies van der Rohe
Christopher Alexander
Kent Beck
Gerald Weinberg
Julia Child
Nicholas Karavites
Richard Bird
Dieter Rams
Ron Paul

Seth Godin
Jamie Larson
Ralph Nader
Benjamin Franklin
Jeff Bezos
Antoni Gaudí
Larry David
Dean Kamen
Thomas Jefferson
Ricardo Semler
James Dyson
Thomas Paine
Kathy Sierra
Marc Hedlund
Michael Jordan
Jeffrey Zeldman
Judith Sheindlin
Timothy Ferriss

Notes

1 Leslie Berlin (21 mars 2009). « Try, Try Again, or Maybe Not », *The New York Times,* http://www.nytimes.com/2009/03/22/business/22proto.html?partner=rss&emc=rss.

2 Fondé en 1996, le *Drudge Report* s'est fait connaître dans le monde entier en 1998 en devenant le premier média à dévoiler le scandale Monica Lewinsky.

3 Jim Rutenberg (22 octobre 2007). « Clinton Finds Way to Play Along with Drudge », *The New York Times,* http://www.nytimes.com/2007/10/22/us/politics/22drudge.html?_r=2.

4 « Fascinating Facts About James Dyson, Inventor of the Dyson Vacuum Cleaner in 1978 », www.ideafinder.com/history/inventors/dyson.htm.

5 Russ Mitchell (29 mars 2009). « The Beat Goes On », *Sunday Morning,* CBS News, www.tinyurl.com/cd8gjq.

6 Eric Ransdell (31 décembre 1999). « The Nike Story? Just Tell It! », *Fast Company,* www.fastcompany.com/magazine/31/nike.html.

7 American National Business Hall of Fame (printemps 1988). « Mary Kay Ash : Mary Kay Cosmetics », *Journal of Business Leadership* 1, nᵒ 1, www.anbhf.org/laureates/mkash.html.

8 « *Stanley Kubrick* – Biography », *IMDB,* www.imdb.com/name/nm000040/bio.

9 Enterprise location d'autos, énoncé de mission, http://aboutus.enterpriserentacar.ca/fr/who_we_are/mission.html.

10 Limericks : petites pièces burlesques en vers, à la mode en Angleterre dès le début du XXᵉ siècle.

11 Programme par lequel une entreprise rémunère les sites Web partenaires qui établissent des liens vers ses produits chaque fois que ces sites amènent des clients et lui permettent de réaliser des ventes.

12 Pasolivo Olive Oil, Zingerman's Mail Order, http://www.zingermans.com/Product.aspx?ProductID=O-PSL.

13 Émission britannique dans laquelle le célèbre chef Gordon Ramsay vient en aide à des restaurateurs en difficulté. Elle est également diffusée aux États-Unis (sur BBC America) et en France (*Cauchemar en cuisine,* sur Cuisine.TV et W9).

14 « About Kingsford : Simply a Matter of Taste », Kingsford, www.kingsford.com/about/index.htm.

15 Jeu de mots sur l'expression *work in progress* (travaux en cours).

16 Fara Warner (30 avril 2002). « Walk in Progress », *Fast Company,* www.fastcompany.com/magazine/58/lookfeel.html.

17 Matt Valley (1ᵉʳ juin 2001). « The Crate and Barrel Story », *Retail Traffic,* www.retailtrafficmag.com/mag/retail_crate_barrel_story.

18 Dave Demerjian (1ᵉʳ mars 2008), dans « Hustle & Flow », *Fast Company,* http://www.fastcompany.com/magazine/123/ hustle-and-flow.html.

19 « Maloof on Maloof : Quotations and Works of Sam Maloof », Smithsonian American Art Museum, http://americanart.si.edu/exhibitions/online/maloof/introduction/.

20 Surnom du Central Artery/Tunnel Project, un projet autoroutier souterrain construit à Boston entre 1985 et la fin de 2007, en partenariat entre Bechtel/Parsons Brinckerhoff et le Massachusetts Turnpike Authority.

21 *BusinessWeek* (5 décembre 2005). « A Shine on Their Shoes », www.businessweek.com/magazine/content/05_49/b3962118.htm.

22 « The Polyface Story », www.polyfacefarms.com/story.aspx.

23 Pilar Viladas (9 octobre 2005). « The Talk : The Slow Lane », *The New York Times,* www.tinyurl.com/ychqtup.

24 Carol Hymowitz (18 septembre 2006). « Any College Will Do », *The Wall Street Journal,* http://online.wsj.com/article/SB115853818747665842.html.

25 Peter Carbonara (31 août 1996). « Hire for Attitude, Train for Skill », *Fast Company,* www.fastcompany.com/magazine/04/hiring.html.

26 *Ibidem.*

27 Reyna Susi, « The Exxon Crisis, 1989 », http://iml.jou.ufl.edu/projects/Fall02/Susi/exxon.htm.

28 John Holusha (21 avril 1989). « Exxon's Public-Relations Problem », *The New York Times,* www.tinyurl.com/yg2bgff.

29 Scott Kirsner (15 juin 2008). « Craigslist's Unorthodox Path », *The Boston Globe,* www.tinyurl.com/4vkg58.

Faites-nous part
de vos commentaires

Assurer la qualité de nos publications
est notre préoccupation numéro un.

N'hésitez pas à nous faire part de
vos commentaires et suggestions
ou à nous signaler toute erreur
ou omission en nous écrivant à :

livre@transcontinental.ca

Merci !

Les Éditions
Transcontinental

Imprimé sur Rolland Enviro 110, contenant
100% de fibres recyclées postconsommation,
certifié Éco-Logo, Procédé sans chlore, FSC
Recyclé et fabriqué à partir d'énergie biogaz.